All Competent Adults
should know this ... Essential Trivia Facts

とこ…と教養！

…流の

雑学力

話題の達人倶楽部［編］

青春出版社

はじめに

『日本国語大辞典』（小学館）は「雑学」について以下のように説明している。

「①広い分野にわたっている雑多な知識。また、系統、組織立てて専門に研究してはいない知識や学問。②種々の学問がまじりあった非正統的な学問。」

どちらも「不確かながらも書き綴《つづ》った知識」として書かれている。

はたして、そうだろうか？

「雑学も、書きようによっては立派な読み物になる」とわが倶楽部《くらぶ》は考えている。

◎「大人」「小人」の読み方は「おとな」「こども」ではない？

◎新幹線の座席はなぜ三列と二列に分かれているのか？

◎「成田屋《なりたや》」「音羽屋《おとわや》」「澤瀉屋《おもだかや》」…歌舞伎の「屋号《やごう》」の由来とは？

いかがだろうか。

これらは〝雑多な知識〟というよりは、むしろ〝幅広い教養〟ともいえるものである。

本書には、皆さんの「世の中の見方」を広げることを助ける話がたくさん盛り込んである。「たかが雑学、されど雑学」である。

この一冊で「超一流の雑学力」を身に付けてほしい。

話題の達人倶楽部

とことん知性と教養！超一流の雑学力●目次

1章　会話がはずむ！無敵の雑学　17

目次

目次

3章 人に話したくなる！ 最強の雑学 153

4章　いますぐ使える！ 驚異の雑学　219

5章 知性あふれる！ 超一流の雑学

カバーイラスト提供■Curly/Adobe Stock
本文デザイン・DTP■ハッシィ

1章

会話がはずむ！
無敵の雑学

「大人」「小人」読み方は「おとな」「こども」ではない？

今はスマホで事前にチケットを購入することが一般的になってきているとはいえ、アミューズメントスポットのチケット売り場や駅の切符売り場などで「大人一枚」「子ども一枚」と声を掛けて購入したことがある人は少なくないだろう。

このときの「大人」。「おとな」と読むのかと思いきや、違う。

実は「だいにん」と読む。ただし、この読み方の謎を解くために、先に「子ども」の方を解説しておこう。

『大辞泉《だいじせん》』では「大人」の項目に対して「小人」とあるが、この漢字の読み方にはこのようにある。

「しょうにん」

つまり、「大人」と書いて「おとな」と読むのだが、入場料や運賃などにおいて「大人」と書いてあるときは、正確には「だいにん」と読み、小人は「しょうにん」と読むのだ。

しかも、興味深いことに、「大人」「小人」の項目には、もう一つ、ある単語が掲載されている。

「中人」

「ちゅうじん」と読む。

意味は「大人と小人の中間の者。小・中学生などをいう。入場券の料金区分などに用いる。」とある。

実際に、現在、アミューズメントスポットや映画館の料金区分で「中人」があるところはほとんどないので、一般的ではないと推測されるが、「だいにん」「ちゅうじん」「しょうにん」という読み方は面白い。

なお、東京・歌舞伎町にあるＴＯＨＯシネマズ新宿の通常料金は「一般」「大学生」「高校生」「中／小学生」「幼児（三歳〜）」と細かく分けられている。

サンマの内臓はなぜあんなにも美味しいのだろう？

家庭でなじみ深い魚「サンマ」。しかし、近年、漁獲量がどんどん減っており、不漁が深刻化している。

かつてはサンマの水揚げで日本一といわれていた千葉県の銚子漁港では、二〇二二（令和四）年、一九五〇（昭和二五）年以降ではなんとはじめて水揚量がゼロになった。

サンマの漁業者の業界団体である「全国さんま棒受網漁業協同組合」によると、銚子漁港の水揚げがゼロだった二〇二二年には、全国の港に水揚げされたサンマは一万七九一〇トンで、豊漁だった二〇〇八（平成二〇）年の五・二パーセント（水揚量は三四万三二二五トン）にまで減少してしまった。

水産庁の検討会によると、不漁の原因はサンマの数自体が減少していることのほか、海水温の上昇、漁場が沖合に移っていることなどを挙げている。

かつてサンマを獲っていたのは日本とロシアくらいだったが、近年の世界的な〝魚食〟を背景とした外国船による乱獲も、日本にサンマが水揚げされにくくなった要因の一つであるという。

最近ではこのように美味しいサンマにめぐり会える機会も減ってしまったが、それでもサンマの味が落ちたわけではない。グリルで焼いた生サンマの美味しさといったら、どんな高級な肉にもかなわない。

サンマの美味しさは、身もさることながら、ちょっぴり苦味のある内臓も好きだという人も多いことだろう。

なぜ、サンマの内臓はあんなにも美味しいのだろうか？

実は、サンマは「無胃魚《むいぎょ》」に属し、胃がない。そのため、日中に食べたエサを数十分で消化し、排出する。

サンマ漁が行われるのは夜間である。

したがって、サンマの内臓にはほぼエサが残っていない。胃は空っぽなのだ。

そのため、サンマの内臓には胆のうの胆汁《たんじゅう》のほのかな苦味が付いているだけで、新鮮なサンマであれば内臓は雑味がなく、美味となるのである。

無胃魚はサンマのほか、イワシ、トビウオ、メダカ、鯉、金魚などが挙げられる。

トビウオに胃がないのは、シイラなどの天敵に狙われた際に高く飛んで逃げる必要があることから、少しでも体を軽くするためといわれている。

コロナウイルスの変異株から学ぶ「ギリシャ文字」とは？

二〇二〇（令和二）年一月九日、世界保健機関（ＷＨＯ）が「中国・湖北《こほく》省の武漢《ぶかん》市における肺炎の集団発生が新型コロナウイルスによるもの」との声明を出してから、三年。

世界では新型コロナウイルスとともに生きていく「ウィズ・コロナ」を経て「ニューノーマル」な世の中へと移っている。

海外旅行やスポーツ観戦、日常の買い物などは通常の形態へと戻りつつあるが、マスクを手放さない人々も少なくないし、人々の記憶の奥底にはパンデミックへの恐れが抜け切れていない。

そんな嫌な記憶を抱えながら生きるのがニューノーマルということなのかもしれない。

新型コロナウイルスはときを経るに従い、次々と変異していき、新しい患者を増やしていったが、二〇二一（令和三）年五月、呼び名が変更された。

それまで変異株は「イギリス株」や「インド株」など、はじめて発見された国の名前を冠して呼ばれていたが、ＷＨＯは差別や偏見につながるとして、ギリシャ文字で表すことにしたのだ。

それまで見つかった順に「アルファ株」「ベータ株」「ガンマ株」……とし、二〇二一年一一月下旬に南アフリカで新型コロナウイルスの新しい変異株が発見されると「オミクロン株」と呼ばれて恐れられた。

この変異株が見つかったことによって世界の株式市場で株価が急落すると「オミクロン・ショック」と呼ばれるようになった。世界の動向のすべてが新型コロナウイルスとともにあるようなものだ。

皆さんはギリシャ文字をご存じだろうか。

ギリシャ文字は、古代ギリシャ人がギリシャ語を表記するために作った文字で、二四文字ある。それは左記の通りだ。

α（アルファ）、β（ベータ）、γ（ガンマ）、δ（デルタ）、ε（イプシロン）、ζ（ゼータ）、η（イータ）、θ（シータ）、ι（イオタ）、κ（カッパ）、λ（ラムダ）、μ（ミュー）、ν（ニュー）、ξ（クサイ）、ο（オミクロン）、π（パイ）、ρ（ロー）、σ（シグマ）、τ（タウ）、υ（ユプシロン）、φ（ファイ）、χ（カイ）、ψ（プサイ）、ω（オメガ）

オミクロン株が見つかるまで一二種類の変異株が確認されていたが、ニューとクサイを飛ばしてオミクロンと名付けた。

それは、ニューは「新しい」を意味する英語のニューと混同しやすく、クサイは英語で「xi」と記し、姓に用いている人が多いことから採用を見送ったとされている。

なお、クサイを見送った異説としては、中国の国家主席、習近平《しゅうきんぺい》の「習」を英語で表記すると「xi」となるため、忖度《そんたく》したのではないかともいわれる。

東京都健康安全研究センターによると、二〇二三（令和五）年三月二五日現在、流行株のほとんどがオミクロン株になったため、世界的な命名はオミクロン株の亜型とその親系統が併記されているとしている。

ＷＨＯは、変異株の命名がもしギリシャ文字で足りなくなった場合は、星座の名前をあてる予定だったそうだ。

ドイツ車「ゴルフ」の名の由来はスポーツではなかった?

ドイツの自動車メーカー「フォルクスワーゲン」。

本社はニーダーザクセン州のヴォルフスブルクにあり、ポルシェ、ランボルギーニ、アウディなどの自動車会社を傘下に持つ。

はじめ、ドイツの国策会社として設立され、大衆車の製造を主に担ってきた。フォルクスワーゲンという社名を日本語に訳すと「国民車」となる。

日本国内でもフォルクスワーゲンの人気は高いが、同社を有名にし、世界的に発展させてきた要因は、間違いなく「ゴルフ」の需要の高さにある。

コンパクトでありながら、どっしりとした重厚なデザイン。走行性能も高く、一九七四年の発売以来、長年にわたってモデルチェンジが行われている。二〇二三年六月末現在、八代目のゴルフが販売されている。

ゴルフといえばスポーツのゴルフを真っ先に思い描くだろうが、フォルクスワーゲンのゴルフという車名の由来も、スポーツのゴルフにあるのだろうか。

車名の由来は、実は「メキシコ湾流」にある。

メキシコ湾流はドイツ語で「Der Golfstom」、英語で「Gulf Stream」という。ドイツ語で「Golf」は「湾」や「入江」を意味する言葉だ。

では、なぜメキシコ湾流にあやかったのか？

メキシコ湾流は世界最大の海流で、太平洋の黒潮《くろしお》に相当する。

北赤道海流（北半球の熱帯海域を東から西へ流れる海流）に端を発し、カリブ海およびメキシコ湾から北アメリカ大陸東岸に沿って東へ進み、北極海に流入する大規模な暖流だ。

メキシコ湾流のおかげで、ヨーロッパの国々の人々の多くが恩恵を受けている。この暖流が運んでくる暖かい空気によって温暖な気候が維持されており、特にイギリスやスカンジナビア半島の国々のような高緯度地域は温暖な気候が保たれているのだ。

また、ゴルフが発売された一九七〇年代半ば、フォルクスワーゲンは「風」を好んでいたようで、メキシコ湾流によって発生する季節風「パサート（Passat）」、サハラ砂漠に吹く熱風「シロッコ（Scirrocco）」、ジェット気流を意味する「ジェッタ（Jetta）」、アドリア海沿岸を吹き抜ける風「ボーラ（Bora）」も同社の車種名に採用されている。

車名の由来が自然から取られ、自然への感謝の意味が込められていると思うと、車を見る目も違ったものになるかもしれない。

南極に長期滞在する人は盲腸を切っておくのがあたりまえ？

南極海のサウスシェトランド諸島に所属する島、キングジョージ島。

一八一九年、イギリス出身の探検家がはじめて上陸したことから、当時のイギリス国王であったジョージ三世にちなみ、この島名となった。

キングジョージ島は南極海に浮かぶ島々のなかではもっとも南米大陸に近く、気候が比較的温暖であることから、各国が南極観測基地を設置している。

なかでも、南米の南西端に位置するチリの空軍が管理する基地内には「ビジャ・ラス・エストレージャス」という小さな町があり、住民の大半は空軍の関係者や科学者だが、家族を連れて何年も滞在し続けることが認められていることから、この町には子どもも少なくなく、小学校も設置されている。

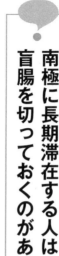

なお、町名のビジャ・ラス・エストレージャスとは「星の村」の意味。なんともロマンティックな名前だ。

しかしながら、この島はそもそも南極海に漂う島の一つで、年間の平均気温はなんとマイナス二度以下というとても厳しい町だ。それゆえ、普通の町なら設けられていないある〝規則〟がある。

それは「住む前には必ず虫垂《ちゅうすい》を切除してくる」というもの。

つまり「盲腸《もうちょう》にかからないように虫垂を取ってきなさい」という規則である。

もしも極寒のこの町で盲腸になったりしたら、医師はいるものの、盲腸の手術を確実に行えるとは限らない。

そうなれば、普段は助かるはずの虫垂炎でも命を落とすことになる。

虫垂炎と同様、「星の村」に住んでいるあいだは「妊娠」することも避けなければならない。

これも暗黙の規則だが、妊娠しても産婦人科医がいないのでは母子ともに危険にさらされることになる。基地を設置するための島で生活するためには致し方ないことなのかもしれない。

キングジョージ島にはロシアの観測基地もあるが、その敷地内には「至聖三者聖堂」というロシア正教の聖堂が立っている。この聖堂は世界でもっとも南に立つ聖堂である。

ちなみに、第五七次南極地域観測隊の医療担当に参加した西山幸子氏によると、南極観測隊の場合は様々な病気に対応できるように医師を派遣しているようである。西山氏のコメントを記しておこう（「日本極地研究振興会」ホームページ）。

「通常外来診療で済むような、お腹が痛いとか、どこか怪我したとかは対応できます。手術室もあります。手術といってもいろいろなのですが、例えば健康な人でもなりうる虫垂炎などの病気には対応できます。ただ、脳神経外科の専門的な手術だとか、心臓血管外科の手術だとかにはやはり対応できません。」

教授の「客員」「特任」って結局、何が違うのか？

テレビのワイドショーやバラエティーに出演するタレントや評論家のなかに「○○大学客員教授」や「△△大学特任教授」という肩書が付いている人がいる。

「タレントをしながら、大学で講義を受け持っているのか」と思いながらも、「いったい、何を教えているのだろう？」と疑問に思うこともある。

彼らの肩書きになっている「客員」や「特任」とは、結局どんな立場なのだろうか？

一般的な教授と何が違うのだろう？

客員教授は「大学などで一定期間、非常勤の立場で教授としての役職を担う教員」のことだ。

特定の分野で活躍し、目をみはる実績をあげている有名人を大学に呼び寄せるときに客員教授という肩書きを付けさせ、採用することがあるという。客員教授の肩書きを名乗る人にタレントや○○評論家などがいることからもわかるように、テレビに彼らが出演することによって、所属する大学の名前を広く宣伝できる利点がある。

大学全入時代といわれて久しい現代において「こんな有名人が教えているのか」と思わせるだけでも、一定の価値があるのかもしれない。

一方、特任教授はどうだろうか。

特任教授は名前の通り「大学や研究機関において特定の期間雇用される教員」のこと。具体的には「定年退職後に再雇用された教員」や「特定のプロジェクトを遂行《すいこう》するために一定期間雇われた教員」を指す。

特任教授の呼び名は大学ごとに異なり、東京大学では「特任教授」、京都大学では「特定教授」、神戸大学では「特命教授」と呼ばれている。

ずっと昔から採用されている「名誉教授」はその名の通り〝名誉職〟だ。

教授として勤務し続けた人で、研究において特に高い実績をあげた人に大学から授与される称号である。

ベトナムでもっとも多い苗字はなぜ「グエンさん」？

ハノイやホーチミンの都市部のほか、船でクルージングを楽しめるハロン湾、古都ホイアンなど、多くの旅行者を惹《ひ》きつけている国、ベトナム。

ベトナムの国民のうち、三人に一人は「グエン」という苗字を持っている。

ある統計によると、ベトナム人の苗字の三八パーセントがグエン姓だそうだ。二〇二二年の「越統計総局」のデータによると、ベトナムの人口は約九九四六万人だから、約三七七九万人がグエンさんとなる。

なぜ、ベトナム人の約三分の一がグエンさんなのか？

これにはベトナムの歴史が深く関わっている。

ベトナムの歴史は、九三八年、呉権（ゴー・クエン）が中国から独立して王朝を開いたことからはじまるが、人々は自分の苗字を、当時の王朝の名前から取っていた。

したがって、自分が生きているあいだに新たな王朝が築かれると、苗字を変えることになった。

前王朝のままの苗字では、新王朝に恭順《きょうじゅん》の意を示していないことになり、身に危険がおよぶからだ。

そして、ベトナムの最後の王朝が「グエン朝」だった。グエン朝は一八〇二年から一九四五年までフエを都に繁栄した王朝で「阮朝」とも書く。

つまり、ベトナム人にグエンさんが多くいるのは、ベトナム最後の王朝がグエン朝だったことに由来するのである。

ベトナム人の苗字は「名字・ミドルネーム・名前」の三つから構成されている。場合によっては、ミドルネームや名前が二～五語からなることもある。

だが、先に述べたように、グエンさんが多くいるし、「チャン」や「レ」という名字も少なくない（チャンは約一一パーセント、レは約一〇パーセントといわれる）。そこで、ベトナムでは名前で人を呼ぶのが一般的だそうだ。

もし、皆さんの周囲にベトナム人がいたら、親しみを込めて、ぜひ名前で呼んでみてはいかがだろうか。

日本で一番早く初日の出が拝めるのはどこ？

毎年、元旦を迎えるにあたり、「今年はどこで初日の出を拝《おが》もうかな」との考えが頭をよぎる。犬吠埼《いぬぼうさき》、富士山、近くの小高い山……。

でも、「日本で一番早く初日の出が見たい」と思ったら、いったいどこへ行けばいいのだろうか？

日の出と日の入りの時刻は、緯度と経度が関係しているのはご存じの通り。

地球は地軸が傾いていることから、日の出の時刻は季節によって変化する。

初日の出が拝める一月は、同じ緯度ならば東の方が日の出が早く、同じ経度ならば南東の方が日の出が早くなる。

同じ緯度ならば東の方が日の出が早いのは地球の自転によるものだが、同じ経度なら低緯度の方が日の出が早くなり、南東に行けば行くほど日の出が早くなるというわけだ。

このことから考えると、関東のもっとも東に突き出た犬吠埼でもっとも早く初日の出が見られそうだ。実際、毎年、犬吠埼には初日の出をここで眺めようとたくさんの人々が訪れる。

日の出に関しては、標高も関係してくる。

地球は球形だから、高い山に登った方が、遠くにある太陽を早く拝めるというわけだ。

犬吠埼よりも、日本でもっとも高い山である富士山の方が初日の出を約四分、早く見られるそうだ。

なお、犬吠埼よりも早く初日の出が見られるのが同じく千葉県にある清澄山《きよすみやま》である。

鴨川市にある標高三三七メートルの小さな山だが、千葉県内の山では二番目に高く、極 真空手《きょくしんからて》の発祥の地としても知られる。

清澄山は日蓮宗《にちれんしゅう》の開祖日蓮をはじめ、僧侶の修行の地であるが、極真空手の創始者大山倍達《おおやますたつ》もこの地で修行していた。彼は昭和二十年代に弟子とこの山に登り、日々、鍛錬に励んだと伝わる。

さて、ここまで書いてきてなんだが、富士山よりも早く初日の出が見られる場所がある。

それは、犬吠埼よりもさらに南東に位置する小笠原諸島の母島で、犬吠埼より約二五分も早く日の出が拝める。父島の夜明山《よあけやま》に登れば、もっと早く日の出が見られるのだ。

さらに南東にある南鳥島《みなみとりしま》に行けば、日本でもっとも早く初日の出が見られるが、この島は一般人は入れないため、現実的ではない。

「唐揚げ」はもともと豆腐を揚げる料理だった！

コロナ禍ながら、急激に人気が広まった飲食店のジャンルがあった。「唐揚げ屋」だ。

『神戸新聞』（二〇二一年二月一三日付）によると、唐揚げ屋を営む企業は二〇二一（令和三）年九月末で二三五社にのぼり、ブーム前（二〇一七年三月末の一〇九社）と比較するとなんと二倍に増えたという。

二三五社の本社所在地は、最多が九州の九六社（構成比四〇・八パーセント）で、次いで関東の四七社（同二〇パーセント）、近畿の三五社（同一四・八パーセント）となった。

唐揚げ屋はそのほかの飲食店と比べて、少ない初期投資で開店できるといわれている。設備としては唐揚げを揚げるフライヤーを準備すればいいからだ。

また、フランチャイズ方式で展開する会社も多いことから、ブームにあやかって参入する個人や会社が少なくないのだろう。

このように、パンデミック下においても人気が根強い唐揚げだが、そもそも唐揚げの歴史は鶏からはじまったわけではない。

江戸時代初期、中国から伝えられた「普茶料理《ふちゃ》」では、「唐揚げ」と書いて「からあげ」または「とうあげ」と読んだ。普茶料理は黄檗宗《おうばくしゅう》の開祖隠元禅師《いんげんぜんじ》が伝えた精進《しょうじん》料理で、「普茶」とは「普《あまね》く大衆と茶を共にする」という意味を示すところから生まれた言葉だ（「黄檗宗大本山萬福寺《まんぷくじ》」ホームページ）。

だが、普茶料理における唐揚げは、私たちが想像する唐揚げとは異なり、小さく切った豆腐を油で揚げ、醤油と酒で煮たものであったという。

今の唐揚げに近い、魚介や野菜を素揚げにしたり、小麦粉をまぶして揚げる料理法を「煎出《いりだし》」ないし「衣かけ」といった。

そして、一九三二（昭和七）年頃、「食堂・三笠《みかさ》」（現在の三笠会館［東京都中央区］）で「若鶏の唐揚げ」がメニューとして登場。同年に銀座一丁目に支店として出した鶏料理専門店の赤字を埋めるための、いわば〝苦肉の策〟だったが、これが日本における鶏の唐揚げのはじまりとなる。

その後、唐揚げという料理法は徐々に国内に広まっていき、昭和三〇年代、大分県宇佐《うさ》市の来々軒《らいらいけん》から唐揚げの作り方を受け継いだ唐揚げ専門店「庄助《しょうすけ》」が日本初の唐揚げ専門店として店舗展開し、宇佐市が「唐揚げ専門店発祥の地」として認知するようになった

（「日本唐揚協会」ホームページ）。

宇佐市が唐揚げ専門店発祥の地になったのは、宇佐市を含む大分県北部に多くの養鶏場があったことが大きな要因とされる。

また、このことは冒頭に記したように、コロナ禍でも九州で多くの唐揚げ屋がオープンした事実と無関係ではないだろう。

「チャーハン」と「焼き飯」一体何がどう違う？

『大辞泉』には、このようにある。

チャーハン【焼飯】

《《中国語》》中国料理で、豚肉・卵・野菜などをまぜて油でいためて、塩や醤油で味つけした飯。焼き飯。

では、「焼き飯」を調べてみると、どうなるのだろうか。

焼き飯

表面を焼いたにぎりめし。やきむすび。

つまり、『大辞泉』によれば、チャーハンと焼き飯は別物ということになる。

ただし、後者を「やきめし」ではなく「やきいい」と読んでいるところが気になるのだが。

このように、辞書を調べたとしても、チャーハンと焼き飯の違いを見つけるのは困難だが、両者に明確な違いはあるのだろうか？

いくつか資料を見比べてみたが、チャーハンと焼き飯（やきめし）には、作り方において違いがあるらしいことがわかった。

まず、チャーハン。

これは、フライパンや中華鍋に卵を先に入れ、ご飯や野菜を後から入れて作った料理の呼び名であるという。

一方、焼き飯は、ご飯と具材を先に炒めてから卵を入れて作る料理の呼び名だそうだ。

味付けは、基本のチャーハンが塩、こしょう、醤油、鶏ガラスープが主なのに対し、焼き飯は基本的になんでもアリ。コンソメ風、すき焼き風など、塩、こしょう、醤油以外のアレンジが豊富だ。

また、一説によると、チャーハンと焼き飯、それぞれの呼び名には文化圏の問題も関わっているらしい。

つまり、チャーハン＝東日本、焼き飯＝西日本、という区分けである。

これは、東日本では焼きおにぎりを「焼き飯」と呼んでいたが、明治時代に中華料理が輸入されてきて「炒飯（チャオファン）」も入ってくると、焼き飯と炒飯が並列することになったため、現在のチャーハンを「チャーハン」、焼きおにぎりを「焼き飯」と呼んで区別したという。

一方、西日本では、焼きおにぎりを「焼き飯」と呼ぶ習慣がなかったことから、炒飯は見たまんま「焼き飯」と呼ばれるようになったという。

今もそうだが、関西は〝鉄板文化〟が盛んな土地柄。そこから「焼き飯」という名称の方が好まれたのかもしれない。

ヒゲがもっとも伸びる季節は、なぜか秋？

人、特に男性の口の周りやほおのあたりに生える毛を「ヒゲ」という。

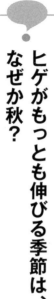

漢字では「髭《し》」と書くが、実は生える場所によって呼び名は異なり、口ヒゲを「髭」、ほおヒゲを「髯《ぜん》」、あごヒゲを「鬚《しゅ》」と呼ぶ。

平均で一日に〇・二ミリから〇・四ミリほど伸びるヒゲだが、実は季節によって伸びる速さが異なる。

理由はわかっていないが、季節ごとに見ると秋がもっともヒゲが伸びるようである。そして、徐々に伸びのスピードは弱まっていき、もっとも伸びないのは二月であるらしい。

なお、男性の場合、午前六時から午前一〇時にかけてがもっともヒゲが伸びる時間帯である。

そして、ヒゲの伸びは男性ホルモンと密接に関わっていることから、五〇歳がもっとも伸びる年齢だとか。

立派なあごヒゲで知られる明治の政治家板垣退助《いたがきたいすけ》も、実はヒゲを伸ばしはじめたのは四〇代後半だったといわれている。

栄養価が高いウナギだが、実は低カロリーだった！

「土用《どよう》の丑《うし》うなぎの日」

うなぎ屋の入り口に標語が貼ってあるのを見かけた方も多いだろう。

うなぎにはビタミンA、ビタミンB1・B2、ビタミンD、ビタミンEといったビタミン類が豊富に含まれ、亜鉛、カルシウム、DHA、EPAなどもたくさんある。

うなぎの体を覆っているヌルヌルした部分にはムチンが含まれている。ムチンは胃腸の粘膜を保護してくれる物質だ。

このようにうなぎは〝最高の健康食〟なわけだが、実はカロリーはそんなに高くない。うなぎ一〇〇グラムで約二九三キロカロリーで、うな丼一杯のカロリーは約五〇〇キロカロリーしかないのだ。

天丼一杯が約六五〇キロカロリー、親子丼一杯が約六七〇キロカロリーとすると、見た目がああであっても低カロリーであることがわかる。

そこから、夏の土用の丑の日にうなぎを食べる習慣になったのか……と思われるかもしれないが、これもまた違う。

実は、うなぎの旬は秋から冬。

この頃に獲れたうなぎは味が濃く、こってりしているそうだが、だからこそ、昔は夏のうなぎは人気があまりなかった。

そこで、本草《ほんぞう》学者・地質学者などとして有名な平賀源内《ひらがげんない》が「丑の日だから『う』の付く食べ物を食べると縁起が良い」という語呂合わせを考え、土用の丑の日にうなぎを食べる習慣が根付いていったとされている（諸説あり）。

土用とは「土旺（王）用事」の略で、立春（二月四日頃）、立夏（五月五日頃）、立秋（八月七日頃）、立冬（一一月七日頃）の前一八日間のことをいう。つまり、土用は夏だけではなく、年に四回もあるのだ。

したがって、土用の丑の日は、土用の期間中にやってくる丑の日のこと。夏の土用の丑の日は、例年、七月二〇日から八月六日のあいだにめぐってくる。

なお、二〇二三（令和五）年の土用の丑の日は、冬：一月一九日・三一日、春：四月二五日、夏：七月三〇日、秋：一〇月二二日・一一月三日となっている。

これらの日は、ぜひ、うなぎをご賞味あれ。

ガソリンスタンドの屋根はなぜ〝平ら〟なのだろう？

電気自動車の開発が進んでいるこの時代においても、まだガソリン仕様の車の需要も減ったわけではない。当然ながら、都市部にはまだまだたくさんのガソリンスタンドが立っている。

いわれれば「ああ、そうか！」と思うかもしれないが、なぜかガソリンスタンドの屋根は〝平ら〟だ。なぜだろうか？

ガソリンスタンドの屋根は「キャノピー」と呼ばれている。

キャノピーとは英語で「canopy」と書き、「天蓋《てんがい》」「張り出し」などを意味する。平たくいうと「庇《ひさし》」のことだ。

なお、キャノピーは建築用語としても使われ、こちらも「天蓋」を指している。

このキャノピーだが、ガソリンスタンドは車に給油する場所なのだから、なにはともあれ安全第一が目標だ。

そこで、キャノピーを設けることによって給油のときに燃料に雨水が混ざらないようにし、日光や雨、雪などを遮《さえぎ》ることによって従業員の労働環境を守る役割もはたしている。

また、先に〝平ら〟と書いたが、ガソリンスタンドのキャノピーは実はまったくの平らではなく、緩やかに勾配《こうばい》が付けられている。こうすることによって雨水を配管から流しやすくしているのだ。

なお、キャノピーの形状が平らなのはあくまで投資コストと工期の短縮からのもので、法的な根拠はないらしい。それゆえ、アーチ型や三角型のキャノピーを持つガソリンスタンドも存在する。

しかし、ガソリンスタンドの敷地内でキャノピーが占める割合については、総務省の省令によって規定されているようだ。

「危険物の規制に関する規則の一部を改正する省令（概要）」に「屋外給油取扱所（＝ガソリンスタンド）のキャノピー面積基準の見直し」とあり、現行では「キャノピー面積／敷地面積（事業所を除く）」は三分の一までとされていたが、二〇二二（令和四）年一月一日より、三分の二まで広がることとなった。

このような見直しが行われた背景は、先述のように、給油時の雨水混入防止と労働環境の改善の観点からだが、従来の観点をさらに押し進めた結果といえる。

なお、キャノピーの面積割合を三分の二にまで拡大して良いのは、当該給油取扱所が火災予防上完全であると認められる場合に限るとのことだ。

うどんのセルフ方式、実は岡山が発祥！

「讃岐《さぬき》うどん」は太くて、噛むとワシワシとした弾力が返ってくる麺《めん》が特徴の、四国は香川の〝名産品〟だ。極論すれば、香川＝讃岐うどん、といってもいい。

そして、讃岐うどんのもう一つの特徴が「セルフ方式」の注文方法である。

香川ないし四国出身の方々なら戸惑うこともないだろうが、それ以外の県の出身者は本場香川でうどん屋に入るとき、ちょっと戸惑うことがある。

まず、「小」「中」「大」など、うどんの量を決めなければならない。そして、丼に入れられてある麺を自分で湯がかなければならない。トッピングも自分で皿に盛らなければならない。使ったトングはどこへ返却すればいいのだろう……。

讃岐うどんを食べたいのは山々だが、きちんと〝作法〟を守れるかどうか不安で、楽しく店に行くことができない。そんな初心者も多いのではないだろうか。

そんな讃岐うどんだが、このセルフ方式。実は、香川が発祥ではない。

うどんのセルフ方式は、岡山が発祥の地だ。

その発祥の店とは「手打ちうどん 名玄《めいげん》」。

創業は一九七六（昭和五一）年というから、二〇二三（令和五）年で四七年を迎える。社長である平井芳和氏の父覚氏の提案でうどん店を開業することになったが、後発ということで一杯一〇〇円と厳命される。

しかし、これでは人件費が出ない。

そこで思いついたのが、お客さんにセルフで麺を取ってもらい、出汁《だし》も注いでもらうスタイルだった。

開店当初は客足が伸び悩んだが、地元のテレビ番組に取り上げられたことにより知名度が急上昇。経営は安定した（『毎日新聞』二〇二二年一月二〇日［地方版］）。

同店のホームページには「セルフ方式の流れ」と題した丁寧な説明書きが掲載されている。

それによると、セルフ方式は以下のような段取りだ。
①うどんを選ぶ
②うどんを湯通しする
③お好みのサイドメニューを選ぶ
④会計をする
⑤トッピングをかけ、だしを選ぶ
⑥お召し上がり、返却
なお、出汁は甘口と辛口の二種類から選べる。

メジャーリーグに新たに誕生した「フォークボール」の生みの親は？

二〇二三年三月に開かれたＷＢＣ（ワールド・ベースボール・クラシック）で日本は決

勝でアメリカを見事に破り、二〇〇九年以来、三大会ぶりの優勝に輝いた。

複数人のメジャーリーガーや国内のタイトルを獲得した選手を数多く擁した侍ジャパンが、これまたメジャーリーガーを多く招集した国々を次々と粉砕していく姿に、多くの感動を与えられた。

侍ジャパンが優勝したことによる日本国内の経済効果は約六〇〇億円とも試算されている（関西大学名誉教授の宮本勝浩氏［経済学］による）。

二〇二三年七月末現在、メジャーリーグのチームには大谷翔平（ロサンゼルス・エンゼルス）、吉田正尚（ボストン・レッドソックス）、菊池雄星（トロント・ブルージェイズ）、前田健太（ミネソタ・ツインズ）、藤浪晋太郎（ボルティモア・オリオールズ）、千賀滉大（ニューヨーク・メッツ）、鈴木誠也（シカゴ・カブス）、ダルビッシュ有（サンディエゴ・パドレス）の八人の日本人選手がいる。

それぞれ大型契約を結んで移籍するなど、日本人選手に対する評価は高い。

メジャーリーグと日本のプロ野球では慣例やルールなどに違いが見られるが、ピッチャーに関しては両者のあいだの異なりは顕著かもしれない。

たとえば、先発完投型のピッチャーに美徳を感じてきた日本に対し、メジャーではピッチャーの分業が早くから行われてきたこと、ピッチクロックが導入され、ピッチャーがバッターに投げるまでの秒数が厳格に守られていることなど。

ピッチャーが投げる球種にもちょっとした違いがある。

メジャーリーグでは「フォークボール」という球種はないのだ。

メジャーリーグでは、人差し指と中指で挟み、打者の手元で落ちるボールは、まとめて「スプリッター」と呼ばれている。

スプリッターの正式名称は「スプリット・フィンガード・ファストボール」といい、打者の手元で微妙に変化する「ムービング・ファストボール」の一種なのである。

したがって、かつてメジャーリーグで活躍した野茂英雄氏（ロサンゼルス・ドジャースほか）や佐々木主浩氏（シアトル・マリナーズほか）が得意としたボールもアメリカではフォークではなくスプリッターと捉《とら》えられている。

ところが、である。

二〇二三年四月。突如、メジャーリーグで〝フォークボール〟が誕生した。

きっかけは千賀選手である。

四月二日、千賀選手が日本時代から得意としていた落差の激しいフォークボール（通称は「お化けフォーク」）でメジャー初登板で五回一／三を投げ、三安打一失点、八三振三四球で初勝利を挙げると、「お化けフォーク」は辛口な批評で知られる地元ニューヨークのメディアから「ghost fork（ゴーストフォーク）」と呼ばれるほどの注目を浴びたのだ。

これをきっかけに、メジャーリーグでもフォークの名称が広がることを願うばかりである。

フランスパンが硬いのは皇帝ナポレオンのおかげ！

日本人にもなじみ深い「フランスパン」。

フランスで「フランスパン」といっても通じず、現地では細長い棒状のパンは「バゲット」と呼ばれている。

そのほか、「紐《ひも》」を意味する「フィセル」、「中間の」を意味する「バタール」などの種類がある。バタールはバゲットとドゥ・リーヴル（生地の重量一〇〇〇グラム、長さ五五センチ）の中間という意味だ。

さて、フランスパンは食パンのように柔らかくないし、小さな子どもや歯が弱い高齢者にはちょっと食べにくい。

なぜフランスパンはあんなにも硬いのだろうか？

わざと硬くしているのだろうか？

実は、あの硬さこそが、フランスパンの命だ。

フランス人にいわせれば、「パンは硬くてあたりまえ！」となるだろう。

フランスパンには油脂、卵、砂糖、バターなどは一切入っていない。

使われている素材は、小麦粉、パン酵母、塩、水だけだ。そのため、表面はカリッと焼け、なかはフワッとモチモチに仕上がるのである。

なお、フランスパンのなかは「クラム」と呼ばれ、バランスよく穿《うが》たれた大小の気泡は、上手に発酵を促《うなが》された証《あかし》だ。

フランスではグルテンが少ない小麦粉が使われるのが一般的で、そもそもパンが膨らみにくい。

また、硬いフランスパンに合うようにスープが用意されている。日本では自動販売機のスープシリーズの一つにもなっているオニオングラタンスープは、硬いフランスパンを美味しく食べるために考案されたともいわれる。

面白い説としては、兵士が携帯しやすいようにあえてパンを硬く焼いたとする説もある。そして、このことを考えたのが、かの皇帝ナポレオン・ボナパルトなのだそうだ。

ナポレオンは兵士用の携帯食として多くのアイデアを募《つの》ってもいる。

フランスパンが硬い理由がナポレオンにあるというのも、まったくの嘘とはいえないのではあるまいか。

「タコメーター」のタコ、語源は海の蛸なのか？

エンジンの回転数を表示してくれる「タコメーター」。

設置されている場所はだいたいスピードメーターの隣で、右にスピードメーター、左にタコメーターが装備されていることが多い。

しかし、最近では軽自動車やコンパクトカーでタコメーターが付けられていない車種も少なくない。理由の一つはコストカットのためで、オートマティック車は自動でシフトチェンジすることから必要ないとの判断である。

確かに、タコメーターは、シフトチェンジするときに回転数を確認することが求められるマニュアル車には必要だが、オートマティック車には必要性はそれほど感じられない。

スズキの「アルト」は、現行モデルにおいてはベーシックなグレードであってもマニュアル車にタコメーターは装備されていない。

この「タコメーター」という名称だが、「タコ」は何を意味しているのだろう。海に棲息する「蛸」と何か関係あるのだろうか？

タコメーターのタコの語源は、古代ギリシャ語で「速度」を意味する「τάχος」（タコス）にあり、それが英語に転じて「tacho」となったとされる。

タコメーターの誕生は一八一〇年頃とされる。

この頃から機関車が急速に発展し、高速で移動する時代に突入。そのため、目的地までの所要時間を把握することが重要になってきた。

そこで、機関車の車輪の回転数を計測するためにタコメーターが生まれたというわけだ。

コスト削減で、今後ますますタコメーターの存在感は薄くなっていくだろう。

だが、エンジンの力を確認したりするときには必要不可欠な装置だ。スピードメーターだけではなんとなく味気ない気もするが、いかがだろうか。

ブロッコリーに和名があるってホント？

さて、ここでクイズだ。

ブロッコリー（broccoli）にも和名がある。それは次のうち、どれだろうか？
①つるなしカボチャ
②花椰菜
③緑花椰菜
④赤縮緬萵苣

正解は、③の緑花椰菜だ。
①はズッキーニ、②はカリフラワー、④はサニーレタスの和名である。
明治初期、ヨーロッパから日本に伝わったブロッコリー。一九六五（昭和四〇）年頃はカリフラワーの人気が高かったが、二〇年後の一九八五（昭和六〇）年頃にはブロッコリーの消費量の方が多くなり、その後五年ほどで、ブロッコリーはカリフラワーの倍の消費量にまでなった。

ブロッコリーにはビタミンC、カルシウム、カロテン、鉄などが豊富に含まれ、栄養価が高い。「エンデバー」「緑嶺《りょくれい》」のほか、ブロッコリーとカイラン（中国野菜）の交配から生まれた「スティックセニョール」がある。

なお、ブロッコリーもカリフラワーも、色は違えど、ケールから分化したもので、アブラナ科に属している野菜だ。

つまり、キャベツの仲間である。

また、両者とも「花蕾《からい》」という小さな蕾《つぼみ》が集まった部分を食べるのは皆さんご存じの通りである。

トマトには実は毒があるって知ってる？

トマトには実は〝毒〟が含まれている。その毒を「トマチン」という。

とはいっても、トマチンは完熟したトマトにはほとんど含まれていない。

トマチンは花、葉、茎に多く含まれており、根や未熟果実においてはそれらよりも格段に少なく、完熟果実では極端に少なくなるのだ。

どうやらトマチンは昆虫が嫌いな成分のようで、トマトは実を虫に食べられないようにするためトマチンを合成していると推測されている（高知大学農学部、堀池道郎教授による）。そして、完熟するに伴いトマチンの量が減り、人間が食べても大丈夫なようになるのだ。

トマチンは、構造的にはソラニンと似ている。

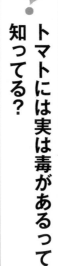

ソラニンはジャガイモを長期間保存しているときに塊茎《かいけい》から芽が出たとき、その芽のなかに含まれている物質で、ともに似た構造を持つ「アルカロイド配糖体」である。

柴田大輔博士（かずさＤＮＡ研究所）によると、トマチン含量の測定値は以下のようになっている（トマトの種類によっても異なる）。

花（一一〇〇mg／kg）
葉（九七五mg／kg）
茎（八九六mg／kg）
未熟果実（四六五mg／kg）
熟した青い果実（四八mg／kg）
完熟果実（〇・四mg／kg）

トマチンの毒性は、マウスの腹腔内に投与したときの半致死量が三二mg／kgで、これを単純に五〇キロのヒトに換算すると、半致死量は一六〇〇mg／kgになる。

この量は完熟果実では四〇〇〇キロ（四トン）になり、未熟果実では三・四キロになる。中ぐらいのトマトは一つ約一〇〇グラムだから、未熟果実を三四個、一気に食べないと半致死量には達しない（参考：日本植物生理学会ホームページ「みんなのひろば」）。

つまり、ヒトがトマチンで死ぬことはほぼないということだ。

ただし、トマチンが含まれているトマトに限らず、同じ食べ物ばかりを食べると体に悪影響をおよぼすことはいうまでもない。

バランスの良い食事摂取を心掛けたい。

スピードスケートの選手がフィニッシュ後、すぐにスーツを脱ぐ理由

日本選手の多くが世界の舞台で活躍している「スピードスケート競技」。

「スピードスケートの選手といえば？」と問われれば、清水宏保、小平奈緒、高木美帆など、誰もがパッと名前を出せる選手も多い。

スピードスケートの試合を見ると、たいていの人が疑問に思う出来事に出くわす。

スピードスケートの選手が、フィニッシュラインを越えるとすぐにレーシングスーツを脱ぐこと、だ。まずは頭部のフードを外し、胸元のチャックも下ろす。

なぜか？

それは、スーツの素材と無関係ではない。

実は、スピードスケート競技のレーシングスーツは「体幹を締め付けることで滑走時の

姿勢を最後まで安定・保持させる」ことがコンセプト（ミズノ公式オンライン「REACH BEYOND」）。

したがって、スーツを着用したまままっすぐ立とうとしても、しづらいのだ。そのため、選手はレースが終わるといち早くフードを脱がざるを得ないのである。

スピードスケートは一〇〇分の一秒を争う競技だけに、スーツの性能も重要だ。体幹部や太ももには伸縮しにくい素材が使われ、より姿勢保持ができやすいように工夫されている。それに加えて、いかに空気抵抗を減らすことができるかがスーツ開発者の目標であるという（前掲）。

多くの選手が一斉に走りはじめるマススタートや団体追い抜き（チームパシュート）に出場する選手のスーツは、首、腋《わき》の下、膝の裏などに切れにくい素材が使用されている。これらの競技では選手同士の接触によって転倒ないしコースアウトすることが少なくない。

スケートシューズのブレード（刃）は鋭利だから、転倒の際に動脈が多く走っている部分を傷つけられる可能性も少なくない。そこで、それらの選手のスーツは体を守るために加工されているというわけである。

はじめて髷を結った力士が食らう驚きの〝お祝い〟とは？

アクロバティックな決まり手だけでなく、押し出しで力を見せつけることも少なくない大相撲力士、宇良《うら》。

彼がはじめて髷《まげ》姿を披露した日の様子が記事として残っている。二〇一六（平成二八）年三月一〇日配信の『日刊スポーツ』の記事を引用する。

「春場所（13日初日、エディオンアリーナ大阪）で新十両昇進を狙う西幕下2枚目の宇良（23＝木瀬）が10日、初のちょんまげ姿を披露した。

大阪市内のホテルで行われた部屋の激励会に、まげを結って登場。兄弟子の臥牙丸《ががまる》（29）からは祝福の〝デコピン〟をしてもらい、笑顔も見せた。『お相撲さんになった気分か』と問われた宇良は『はい』と即答した。（後略）」

相撲界には、はじめて髷を結った姿を披露した弟子に対して、なんとも奇妙な習慣がある。それが、この記事に見られるような「デコピン」なのだ。

皆さんも、小学校の頃、同級生のおでこに指を弾《はじ》いてデコピンしたことがあるのではないだろうか。

それにしても、なぜこのような習慣があるのだろうか？

出羽海部屋のホームページには「相撲界には初髷の力士の額に、祝福と親しみの意味を込めて『ごんぱち』と呼ばれる所謂《いわゆる》デコピンの風習が行われます。そして祝儀として『油銭』という鬢《びん》付け油代が渡されます。」とある。

このごんぱち（デコピン）は兄弟子が弟弟子に行うだけでなく、部屋の後援会で初髷が披露された場合は後援者が行うこともあるようだ。

また、祝儀である一万円札を髷に挟んだ力士の姿も、相撲部屋のホームページでは確認することができる。ごんぱちも髷の一万円札も、横綱への道の第一歩である。

なぜ不動産屋は水曜定休、理容業界は火曜定休が多いのか？

建物の売買や賃貸のときにお世話になる「不動産屋」。

そんな不動産屋の定休日は水曜であることが多いという。いったいどんな理由からだろうか？

主な理由は、不動産業界に長く伝わってきた「験担《げんかつ》ぎ」である。「水」は「契約が水に流れる」ことを連想させることから、不動産屋には水曜を定休日にしていることが多いのだそうだ。

火曜も「火」を連想させることから定休日としている店もあり、なかには火曜と水曜の両日を定休日にしている店も確認できる。確かに、家にとって火事は何よりも避けたい事故だ。

不動産業界には「千三《せんみ》つ」という考え方がある。

「千に三つくらいしか話がまとまらない」の意味で、不動産屋が契約までこぎつけることができるのはそれだけ難しい、ということだ。また、このような意味合いから、土地や家屋の売買をする職業は「千三つ屋」と呼ばれている。

定休日にまつわる話でいうと、理容業界の定休日も関東は火曜、関東以外の地域では月曜であることが多い。

これもまた、験担ぎのためなのだろうか？

美容室の定休日に関しては、験担ぎは関係ない。

関東の美容室が火曜定休が基本なのは、第二次世界大戦のときの「休電日」が理由だ。戦争を戦う上で重要なのは、武器を作ることだ。それには電力が欠かせない。

しかし、戦争時は水力発電が主力で、供給がとても不安定だった。そこで、関東では火曜を「休電日」とし、国民に節電を促したのである。

日本パーマネントウェーブ液工業組合の説明によると、日本でのパーマの登場は一九二三（大正一二）年にアメリカから神戸（横浜説もあり）に「電髪《でんぱつ》（電気パーマ）」の器具を輸入したとのことで、日本がすでに大戦への道を踏み出していた一九三五（昭和一〇）年頃には大流行していた。

だが、電力の不足や「パーマは贅沢《ぜいたく》」とみなされたことによって、「パーマネントはやめましょう」との標語が出されるまでになった。

そして、戦争が終わっても関東では火曜を定休日とした店舗が多かったことから、そのまま採用されて現在まで至っているというわけだ。

ダイオウイカの寿命は、何と長くて三年？

二〇一三（平成二五）年一月にＮＨＫのドキュメンタリー番組「ＮＨＫスペシャル」で放送されたとある番組は、研究者や一般視聴者に少なからぬインパクトを与えるものとなった。

深海に棲む世界最大級の無脊椎《むせきつい》動物「ダイオウイカ」が生きたまま深海で泳いでいる姿を捉えた映像が世界ではじめて放送されたのだ。

ＮＨＫが一〇年にわたる調査の最終段階として国立科学博物館などとともに有人潜水艇を用いた調査・撮影の準備を進め、前年の夏、小笠原諸島で一〇〇回、四〇〇時間以上におよぶ潜航を行い、父島の東沖の深海でダイオウイカに遭遇。

見事、世界初となる撮影に成功したのだ。

このときから日本ではダイオウイカの存在が広く知られるようになり、まれに日本各地の海岸に打ち上げられたことと相まって、知る人も増えるようになった。

ダイオウイカは普段、水深六〇〇～一〇〇〇メートル、水温四～一〇度の深海に棲むとされているが、まだ確定されてはいないものの、「寿命は約三年」とする説がある。別の説では五年とするものもある。

いずれにせよ、一〇年は生きないということだ。

ダイオウイカは、国内では胴長約一・八メートル、全長六・五メートルの個体が見つかったこともある巨大なイカだ。

それなのに、寿命が三年ないし五年しかないなんて。

全国いか加工業共同組合によると、イカの寿命はそもそも短いそうである。

私たちがスーパーや魚屋で良く見かけるスルメイカやケンサキイカの寿命はわずか一年。しかし、これらのイカは一年で体長が三〇～四〇センチにもなるというから驚きだ。イカは生まれた日が数日違うだけで体長が異なって見えるともいう。

これより考えると、ダイオウイカも一歳を過ぎた頃から急速に成長する種類なのかもしれない。

選挙の投票用紙は紙じゃないって、ホント？

選挙会場に行き、投票用紙をもらう。機械から吐き出された投票用紙は、スベスベだ。四角く区切られた記入スペースで、目の前の候補者一覧を見ながら、鉛筆で記入する。なんて書きやすいんだろう。そして、そそくさと会場を後にする……。

皆さんは「投票用紙って、スベスベしているな」と感じたことはないだろうか。

そう。実は、投票用紙は紙でできているわけではない。あれは「ユポ」だ。

では、ユポとは何か？

ユポは「ユポ・コーポレーション」という合成紙メーカーが作った合成紙である。紙は木材の繊維をほぐして作るパルプをシート状にしたものだが、ユポはポリプロピレン樹脂に無機充填剤や少量の添加剤を加え、紙のような厚さになるまで薄く引き伸ばして作られる。

ミルフィーユのような三層構造になっているユポは、表面に無数に「ミクロボイド（微細空孔）」があることによって、筆記性に優れているのだ。

一九八六（昭和六一）年に投票用紙として販売すると、全国の自治体にその優れた特性が認知されるようになり、二〇二一（令和三）年の衆議院選挙では全国でユポの投票用紙が使われるまでになった。

ユポが投票用紙として用いられている理由は「折りづらさ」にある。

現在、国内の選挙はほとんどが即日開票である。

ならば、投票用紙が折り畳まれたままだと、選挙スタッフはいちいち用紙を広げなければならない。

それがユポだと、投票箱に入れた途端に広がるから、開票所で投票箱から出された瞬間にスタッフは計数機にかけられる。時間短縮が半端ないというわけだ。

ユポは選挙ポスターにも使用されている。

屋外で風雨にさらされる選挙ポスターがボロボロでは有権者の心象も悪い。そこで、紙ではなくポリプロピレン樹脂を使用して水を弾きやすいユポの方が安心というわけだ。

もともとユポは登山用の地図などに使われることが多かったが、折れ目を付けにくいのがネックだった。

しかし、投票用紙なら、逆に折り目はいらない。逆転の発想がユポを一躍有名にしたのだった。

「旅館の布団は、朝、畳まない」の納得の理由とは？

旅館に泊まり、翌朝、チェックアウトを迎えるとき。

布団をグチャグチャにしたまま部屋をあとにするのも気が引けるし、雑な性格と思われたくない……。

というわけで、丁寧に「布団を畳む」ことは〝常識〟の範囲だろう。

ところが、である。

この「布団を畳む」という行為は、旅館のスタッフからしてみると〝非常識〟な行いになるらしいのだ。

なぜ「旅館の布団は、朝、畳まない」のがマナーなのか？

旅館で働いた経験のある人によると、清掃スタッフは宿泊客が帰ったあとに布団に忘れ物がないか確認し、洗濯するためにシーツを剥《は》がす。

しかし、丁寧に布団が畳まれていると、スタッフがもう一度布団を開かないといけない。

つまり、朝、布団が畳まれずにおかれた方が、スタッフが仕事をしやすいというわけだ。

私たちは、学生時代、修学旅行に行くと「朝起きたらきちんと布団を畳んでおくように」としつけられている。もしかしたらそのときの習慣が、成人してからも抜けないのかもしれない。

旅館では、各館ごとに布団の畳み方も決められているし（二つ折りや三つ折りなど）、宿泊客が独自に畳んだやり方がその旅館のものと異なっている場合も多い。

このことは、居酒屋などに行ったときに、帰り際にお客が良かれと思って「皿を重ねる」行為と似ている。

皿の表面には油や醤油などが付いているから、重ねると一方の皿の裏にそれが付いてしまう。そうなると洗うのが大変になる、というわけだ。

旅館の布団も居酒屋の皿も、その後のことを考えると確かに納得だ。

「それは旅館の勝手だろ」などと思わず、スタッフのことを思って布団はそのままにしておいた方が良さそうだ。

「東京スカイツリー」には年に一〇回、雷が落ちている？

二〇一二（平成二四）年五月二二日に開業した「東京スカイツリー」（東京都墨田区）。六三四メートルという自立式電波塔として世界一の高さを誇るこの建物には、毎年多くの観光客が訪れている。

二〇二〇年の年明けから本格化したコロナ禍によって入場者数は激減したが、それでも二〇二一年末には四〇〇〇万人の入場者数を達成。

商業施設「東京ソラマチ」とオフィス施設「東京スカイツリーイーストタワー」を合わせた「東京スカイツリータウン」全体では、なんと累計三億人を突破している。

まさに東京を代表する観光地である。

先に述べたように、世界でもっとも高い自立式電波塔であるがゆえ、東京スカイツリーでは様々な観測が行われている。

上から、雷観測（高さ四九七メートル地点／電力中央研究所）、ヒートアイランド観測（高さ四八〇メートル地点／日本気象協会）、雲粒観測（高さ四五八メートル地点／防災科学技術研究所）・エアロゾル観測（同／国立極地研究所・広島大学ほか）、重力差による時刻の歪み観測（高さ四五〇メートル地点および地上付近／東京大学）、雷観測（高さ四四五メートル地点／理化学研究所）、風観測（高さ三七五メートル地点／東京工業大学）、雷観測・大気質観測（高さ三〇〇メートル付近／電力中央研究所）、大気中の温室効果ガス観測（高さ二五〇メートル付近／国立環境研究所）となっている。

どれも重要な研究だが、なかでも特筆すべきは雷観測ではなかろうか。

落雷地点を予測し、雷を直接観測する準備を整えることは難しい。

だが、高層建築物を活用すれば雷観測は難しくはない。雷が高所に落ちやすい特性があるためである。

実際、東京スカイツリーには年に何回、雷が落ちているのだろうか？

二〇一二年の開業以来、二〇一七年までに雷が落ちた回数は六二回だった。

つまり、年間で約一〇回も落ちていることになるのだ。

電力中央研究所管轄の四九七メートル地点では「ロゴスキーコイル」と呼ばれる電力測

定装置が設けられ、雷電流の時間変化が観測できる。

長さ約三〇メートルの銅製のロゴスキーコイルはタワー鉄骨をすべて囲むように取り付けられており、東京スカイツリーのてっぺんに雷が落ちると、鉄骨を通って地中深くに電流が流れる。

その雷電流をロゴスキーコイルで検出することで、電流の波形、すなわち電流の大きさ、電流が流れている時間などのデータが得られるのだ（参考：「内閣府」ホームページ）。

東京スカイツリーのように雷観測に適した場所は世界を見渡してもほとんどないらしく、東京スカイツリーは世界の雷研究者の関心を集めている。

初詣は、実は鉄道会社が仕掛けたイベントだった！

コロナ禍の行動制限が緩和されはじめた時期に迎えた二〇二三年の元日。「初詣《はつもうで》」に社寺を訪れた方も少なくないのではないだろうか。

二〇〇九（平成二一）年以降、警察庁が発表を取りやめてしまったため、近年の正確な数値は定かでないが、初詣で多くの参拝客が訪れる社寺はそれほど変わらないはずだ。社寺などが発表した推計値から考えると、人気のある初詣の社寺ランキングは以下のようになる。

一位　明《めい》治《じ》神宮《じんぐう》（東京都渋谷区）
二位　成《なり》田《た》山《さん》新《しん》勝《しょう》寺《じ》（千葉県成田市）
三位　川崎《かわさき》大《だい》師《し》平《へい》間《けん》寺《じ》（神奈川県川崎市）
四位　浅《せん》草《そう》寺《じ》（東京都台東区）
五位　伏《ふし》見《み》稲《いな》荷《り》大社《たいしゃ》（京都府京都市）
六位　鶴岡八幡宮《つるがおかはちまんぐう》（神奈川県鎌倉市）
七位　住吉大社《すみよしたいしゃ》（大阪府大阪市）
八位　熱《あつ》田《た》神宮《じんぐう》（愛知県名古屋市）
九位　武《む》蔵《さし》一宮《いちのみや》氷《ひ》川《かわ》神社《じんじゃ》（埼玉県さいたま市）
十位　太《だ》宰《ざい》府《ふ》天満宮《てんまんぐう》（福岡県太宰府市）

例年、明治神宮は約三二〇万人、太宰府天満宮は約二〇〇万人の参拝客が訪れるという。それほど、日本人にとって初詣は一年をはじめるにあたって重要な行事であるが、初詣は古くからの〝日本のしきたり〟ではない。

実は鉄道会社が仕掛けた〝イベント〟と呼んでもいいものなのだ。

元日に初詣をするようになったきっかけは、先に記した社寺ランキングで三位に輝いた川崎大師である。

「厄除《やくよ》けのお大師さま」と親しみを込めて呼ばれる川崎大師は、真言宗智山派《しんごんしゅうちざんは》に属する寺で、厄除弘法《こうぼう》大師が御本尊《ごほんぞん》。

毎月二一日が「ご縁日」で、正月の二一日は「初大師」と呼ばれて多くの信徒が参詣していた。

一八七二（明治五）年一〇月一四日、新橋・横浜間を結んで日本初の鉄道が開通すると、途中の川崎駅から歩いて行ける川崎大師に遠方からの参拝客が訪れるようになる。

その後、毎月の縁日詣に行きにくい信徒は、正月三が日や日曜にお参りに行くようになった。

鉄道会社も、多くの乗客を乗せればそれだけ儲かる。

初詣に行く人が徐々に増えると、川崎駅に急行列車を臨時停車させ、臨時列車を増発させたりして対処するようになる。このようにして「元日参り」は「初詣」として新聞でも報じられるようになった。

一八九九（明治三二）年一月二一日には大師電気鉄道が、官営鉄道の川崎駅付近と川崎大師を結ぶ路線を敷設《ふせつ》。川崎大師は「初詣のしやすい寺」として人気を博していく。

大師電気鉄道はその後、京浜急行電鉄（京急）と名を改め、現在まで続いているが、同社のホームページに掲げられた「京急歴史館」によると、開業日は晴れで、「午前一〇時、満員の乗客を乗せた一両の電車が川崎大師に向けて走った」とある。

その日は縁日で、関東ではじめて、また、日本で三番目となる営業用電車をひと目見ようと多くの人々が集まった。

沿線の安全確保のため、川崎警察分署は数十人の巡査を派遣してその整理にあたったと伝えられている。

ゾンビに侵略されても生き延びられる都市はどこ？

何年かに一度、「ゾンビブーム」がやってくる。

ベストセラーのアメコミ『The Walking Dead』を原作とする同名ドラマはシーズン一一まで続いているし（二〇二三年三月末現在）、数年前には日本の映画『カメラを止めるな！』が低予算で制作された映画ながら異例の大ヒットを記録した。

ゾンビ映画の元祖は一九三二年に公開された映画『恐怖城』とされ、一九六八年公開の

『ナイト・オブ・ザ・リビングデッド』（ジョージ・A・ロメロ監督）によって沸点に達する。

その後、ゲームを原作とする『バイオハザード』が世界的なヒットを飛ばしたのは皆さんもご存じの通りだ。

ゾンビに関して、とても面白い調査結果がある。

アメリカの芝生ケアサービス会社「Lawn Love」が「ゾンビ黙示録《もくしろく》で生き残るためのベスト都市ランキング」を発表したのだ。

同社は、二〇二一年にアメリカ疾病予防管理センターが「ゾンビ対策ガイド」を発表したことに触発され、全米二〇〇都市を対象に「ゾンビの侵略に備えるための二六の主要な要素」を分析した。

分析には「地域の健康状態の悪い人の数」「地元のスーパーマーケットの数」「狩猟用品店の数」「地元の家の地下室や地下壕の数」などを用い、ランキングを作成。

すると、ゾンビ黙示録を生き残るためにもっとも適した都市の第一位は、フロリダ州のオーランドになったという。

以下、一〇位までを紹介しておこう。

一位　オーランド（フロリダ州）

二位　ソルトレイクシティ（ユタ州）
三位　ホノルル（ハワイ州）
四位　ポートランド（オレゴン州）
五位　コロラドスプリングス（コロラド州）
六位　タンパ（フロリダ州）
七位　スプリングフィールド（ミズーリ州）
八位　マイアミ（フロリダ州）
九位　ピッツバーグ（ペンシルベニア州）
十位　ボイシ（アイダホ州）

分析の項目に「地元のスーパーマーケットの数」が含まれているのが面白い。

ゾンビ映画の金字塔で、ゾンビ映画を確立したともいわれる『ゾンビ』（原題『Dawn of the Dead』）で主な舞台になるのはショッピングモールだし、ゾンビから追われて逃げ込む場所としてスーパーマーケットは欠かせない。

逆に、もっともゾンビに襲われやすい二〇〇位にはサンライズマナー（ネバダ州）が残念ながら選ばれてしまった。

ゾンビに襲われたくなければ、オーランドをめざすのが良いかもしれない。

牡蠣の「生食用」と「加熱用」違いは〝鮮度の差〟ではない？

スーパーの魚介コーナーに行くと、パックに詰められた牡蠣《かき》が売っている。パックにはこう書かれている。

「生食用」「加熱用」

このようにラベルに書かれ、しかも並んで売られていれば「きっと生食用の方が新鮮だろう」と感じ、手に取ってしまうかもしれない。

しかし、生食用と加熱用は〝鮮度の差〟で分けられているわけではない。違いは「牡蠣が獲れる海域の違い」である。

簡単に述べれば「生食用は各県が定めた指定海域で獲れたもの」、加熱用は「それ以外の海域で獲れたもの」だ。

生食用の牡蠣にとって怖いのは、食中毒菌やノロウイルスなどに汚染されること。そのため、汚れた排水が流れ込む可能性が高い河口から離れたエリアなどが指定海域となっている。

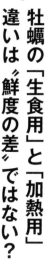

しかし、沖合に出た牡蠣は水質が良い環境で育っているかもしれないが、栄養や旨味《うまみ》成分が少ない海域で育っているというマイナス面もある。

生食用の牡蠣は、採取後、「浄化」といって紫外線をあてるなどして無菌化した海水に二、三日漬けてから出荷される。

一方、加熱用は、栄養分が多いとされる河口付近で養殖されており、浄化の必要もない。そのため、カキフライや鍋物など、加熱して食すことが必要になるわけだが、先に述べたように、山、河川などの栄養分やプランクトンを多く体内に入れて育っているので、加熱用の方が身がぷっくりとしていて好きだという消費者も多いかもしれない。しかも色々な料理に使えるので、用途が広い。

とはいえ、加熱した牡蠣であたった経験がある人もいるのも事実。加熱した牡蠣であたったことがある人は、牡蠣の食中毒によるものではなく、牡蠣アレルギーであることがあるそうだ（加熱不足の場合は食中毒によるものだが）。

アレルギーの場合は、ハチに刺されたときのようにアナフィラキシーショックを起こす場合もある。呼吸困難や意識障害を起こしそうな場合は救急車を呼ぶようにしたい。

覚醒剤の「末端価格」はいったいいくらなのか？

「覚醒剤約二キロ（末端価格一億超）を密輸　覚醒剤取締法違反（営利目的共同所持）の疑いで、住所不定の男（四七）を逮捕」

テレビ番組のニュースや新聞各紙の見出しで一度は目にしたことがあるかもしれない。

覚醒剤、大麻、コカイン、ＬＳＤ、危険ドラッグ……。

インターネットが普及したことによって薬物の入手はかなり容易になっている。これからも警察の目を欺《あざむ》き、闇に溶け込む売人は増え続けるだろう。

さて、「末端価格」を算出するときのはっきりとした基準はあるのだろうか。

警察庁組織犯罪対策部が作成した「令和3年における組織犯罪の情勢【確定値版】」という資料があり、そこに「薬物情勢」の記述もあるが、同箇所には一グラムあたりの末端価格の記述は見あたらない。

かつて（平成二一年）は「平均で1万円で0・1g強（1g換算で9万円程度）と認められる」との記述もあったが、現在、はっきりとした数値は示されていない。

これは、発表する機関によって数値が異なることが原因のようだ。

それは二〇〇九年頃から顕著なようで、一グラムあたり六万円、九万円、一〇万円など様々あるらしい。

ただし、公益財団法人麻薬覚せい剤乱用防止センターのホームページに記載されている「薬物事犯ヘッドラインニュース」に羅列されている事案から計算すると、二〇二二（令和四）年の末端価格の相場がある程度わかってくる。

二〇二二年夏頃の覚醒剤の末端価格は、一グラムあたり、約六万円である。

同年の七月から九月に明らかとなった事案を見てみると「約二・三グラムで約一四万円」「約一・三キロで約七五〇〇万円」「約一・七キロで約一億円」などの数値が見える。

順に計算してみると、一グラムあたりの末端価格は、約六万七〇〇円、約五万七七〇〇円、約五万八八〇〇円となる。おおよそ六万円といったところだろうか。

ちなみに、暴力団が海外の薬物犯罪組織から仕入れる覚醒剤の原価は一キロあたり八〇〇～九〇〇万円といわれている。

「令和3年における組織犯罪の情勢【確定値版】」の「覚醒剤密輸入事犯の仕出国・地域別構成比率」を見ると、メキシコ、タイ、アメリカ、マレーシア、イギリス、オランダの順になっている。

また、覚醒剤の営利犯として検挙された外国人ではベトナム人がもっとも多く、次いでイラン人となっている。

アメリカでも行われている「振り込め詐欺」の実態とは?

日本で「振り込め詐欺」という名称が生まれたのは二〇〇四(平成一六)年一二月のこと。この言葉が使われてからもう二〇年近くになる。

それまでは「オレオレ詐欺」といわれていたが、手口が多様化し、呼び名と実態が合わなくなってきたことから警察庁によって「振り込め詐欺」と命名された。主には、オレオレ詐欺、架空請求、融資補償金詐欺、還付金等詐欺の四つを指している。

いまだにこの手の事件はなくなっていないし、フィリピンやカンボジアに指南役や掛け子が潜伏し、闇バイトで集めた日本在住の若者に犯罪を実行させる仕組みは壊滅されていない。捜査は、現在も続けられているのだ。

では、この「振り込め詐欺」ないし「オレオレ詐欺」は日本特有の事件なのかというと、違うらしい。

太平洋を隔てたアメリカでも、実は発生しているのだ。

ただし、興味深いことにアメリカで犯人がターゲットにするのは高齢者で、孫を装い、金を要求している。このことから、アメリカではこの手の事件は「祖父母詐欺」と呼ばれている。

たとえば、〝孫〟は「メキシコで自動車事故を起こした。留置場を出るには二〇〇〇ドルが必要なので、お金を送ってほしい」などと話す。「メキシコ」で「自動車事故」を起こすあたりが、なんともアメリカの詐欺っぽくて興味深い。

アメリカで祖父母詐欺が急増したのは二〇一〇年以降のことで、アメリカ連邦取引委員会（ＦＴＣ）の統計によると、二〇〇九年の発生件数は七四三件だったが、二〇一〇年以降はなんと四万件を超えた。これは通報を受けた件数だけなので、実際はもっと多かったと推測されている。

とはいえ、広い国土ゆえか、その後、アメリカではそれほど大きな社会問題としては扱われなかった。

ところが、である。

最近のＡＩ（人工知能）の技術の発達により、電話の音声を本物の孫や近親者に似せることができるようになったことから、本人と間違える高齢者が増えてきた。

同委員会の統計によると、二〇二二年だけで三万六〇〇〇件以上のなりすましの詐欺が発生しており、そのうち五〇〇件以上が電話によるものだった。報告されている被害額は約一一〇〇万ドルにも達している。

なお、特定の人の音声を複製する技術を「音声クローニング（音声クローン技術）」という。

アメリカでは、それを開発する会社への責任を問う声も上がりはじめているようだが、今後は日本でも似たような詐欺が発生することは間違いないだろう。

「ざるみみ」って、どんな人？

「笊耳」と書いて「ざるみみ」と読む。

では、ここでクイズだ。

「笊耳」とは、いったいどのようなことを指す言葉か、おわかりだろうか？

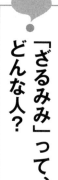

正解は「何を聞いてもすぐ忘れてしまうこと」である。

由来は、ザルという言葉が含まれていることからもわかるように、笊に水を入れてもすぐに漏れてしまうことから生み出された表現と推測できる。

笊に似た籠《かご》を使って「籠耳」ともいう。

ちなみに、「僻耳《ひがみみ》」は「聞き間違えること。転じて、思い過ごし」、「早耳《はやみみ》」は「噂話や事件を人よりも早く聞きつけること」、「空耳《そらみみ》」は「実際にはない音や声が聞こえたように思うこと」、「地獄耳《じごくみみ》」は「人の秘密などをいち早く聞き込んでいること。一度聞いたことをいつまでも覚えていること」の意味である。

ソ連の政治家「スターリン」は実は本名ではない？

ソビエト連邦共産党の指導者、スターリン。

二〇世紀初頭に起こったロシア革命ではレーニンを助けて活躍。レーニンの死後は「一国社会主義論」を唱え、一九三六年、世界で初となる社会主義憲法（スターリン憲法）を制定した。

その後、反対派や批判派の粛清《しゅくせい》を行なったことは誰もが知るところである。

世界史にはこのようなことがらで記されているスターリンだが、「スターリン」という名前は実は本名ではない。

彼の本名は「ヨシフ・ジュガシヴィリ」である。

一八七九年、グルジア（現在のジョージア）の貧しい家庭に生まれたジュガシヴィリは、一五歳のときにマルクス主義に接し、地下の革命家グループに加わる。

以来、彼は自分の名前を何にするか、思案しはじめた。

ロシアの知識人や革命家のあいだでは、筆名、偽名、仮名を持つことは常識だった。

それらの名前をいくつも持つことによって警察をかく乱することができるからだ。ソビエト連邦を建国したレーニンには一五〇もの筆名があったとされている。

そこでジュガシヴィリが選んだ名前が「スターリン」だった。

筆名は響きなどが単純で、労働者たちにわかりやすいものでなければならない。本名であるように見えれば、もっと良い。

ジュガシヴィリは、一九一三年一月、『マルクス主義と民族問題』という著書ではじめてスターリンという筆名を用い、あたかも本名であるように歴史に刻まれることになった。

では、「スターリン」という名前の由来はどこにあるのか？

これまでの説では、本名のジュガシヴィリの「ジュガ」をロシア語にしたもので、「鋼《はがね》」を意味したとされてきた。しかし、これは間違いであるようだ。

一九九〇年、グルジア人の作家・劇作家キタ・ブアチゼが唱えた説によると、「ジュガ」は鋼を意味せず、古代グルジア語で単なる名前を指すに過ぎないとのことである。

その他の説では、スターリンの愛人リュドミラ・スターリの苗字からとったというものや、自身の前の統治者であるレーニンと調和する響きを持つ名前としてスターリンとしたという説もある。

歴史家ヴィリヤム・ポフレブキンが唱えた説は、諸説あるなかではもっとも有力なものである。

彼の説によると、かつてリベラル派のジャーナリストにエフゲニー・ステファノヴィチ・スターリンスキーという人物がおり、彼こそスターリンの筆名の由来であるという。

スターリンスキーは中世のグルジアの詩人ショタ・ルスタヴェリの長編叙事詩『豹皮《ひょうがわ》の騎士』をロシア語で訳しているのだが、スターリンはこの叙事詩を大変好み、スターリンスキーを称賛していたという。

しかし、スターリンはこの筆名の起源が明らかになるのを嫌ったかも知れない。

このことにより、スターリンはルスタヴェリの著作物を回収するように命じた。

このことにより、スターリンという筆名の由来は謎となり、後世に様々に唱えられることになったのである（参考：ロシアビヨンド）。

一目おかれる！
教養の雑学

フィギュアの技「アクセル」語源は「加速する」ではなかった

二〇二二（令和四）年七月、五輪連覇、国民栄誉賞授与などを成し遂げた羽生結弦氏が競技会を離れ、プロのスケーターとして挑戦することを表明し、ますます注目されるようになった「フィギュアスケート」。

二〇二二—二三シーズン、日本のフィギュア界は隆盛を極め、男子シングルでは宇野昌磨選手が世界選手権を連覇し、女子シングルでは坂本花織選手が宇野選手と同じく世界選手権を連覇。ＧＰファイナルでは三原舞依選手が優勝している。

ペアでは「りくりゅう」と呼ばれる三浦璃来選手・木原龍一選手がＧＰファイナル・世界選手権で優勝し、「かなだい」と呼ばれる村本哉中選手・髙橋大輔選手（現在は現役選手としてはペアを解消）も世界選手権においてアイスダンス史上、日本人としては最高位の一一位と健闘した。

これまでは個人の力が注目されることが多かったが、ペアも注目を浴びるようになったことで日本のフィギュア界はますます盛り上がることになるだろう。

フィギュアスケートの魅力はなんといってもジャンプにある。

ジャンプの種類は六つあり、アクセル、ルッツ、フリップ、ループ、サルコウ、トーループに分かれる。

なかでも、もっとも跳ぶのが難しいとされるアクセルは、羽生結弦氏が四回転アクセルに挑み続けたことで耳にした方も少なくないだろう。

六つのジャンプのうち、アクセルが唯一前向きに踏み切るため、跳ぶ前にスピードをつけることから、アクセルというジャンプ名は英語の「accelerator」が語源になっていると思っている方もいらっしゃるかもしれないが、実は違う。

フィギュアスケートのジャンプのアクセルは、ノルウェーのアクセル・パウルゼン氏がはじめて跳んだことから命名されたものだ。

同様に、ルッツも、オーストリアのアロイス・ルッツ氏がはじめて跳んだことから名付けられた。サルコウも、スウェーデンのウルリヒ・サルコウ氏が由来だ。

アクセル・パウルゼン氏がはじめてアクセルを跳んだのは今から一四〇年以上前の一八八二年のこと。彼が国際競技会で跳んだのは一回転半のジャンプだった。

アクセル・パウルゼン氏が一回転半のジャンプを跳んでから、もう一回転増えるまでにはなんと約六〇年の歳月が必要だった。

一九四八年、スイスのサンモリッツで開かれたオリンピックでアメリカのディック・バトン氏が二回転半のジャンプを成功させ、歴史の扉をようやく開けたのだった。

マッコウクジラの「マッコウ」由来は鯨の胃のなかにあり

大きく四角張った頭部が特徴の「マッコウクジラ」。頭部の先と目が少し離れているところがなんともユーモラスだ。

マッコウクジラの「マッコウ」は「抹香《まっこう》」が由来。漢字で「抹香鯨」と書く。抹香とは、沈香《じんこう》や白檀《びゃくだん》などを粉末にしたお香のことである。

沈香はジンチョウゲ科の沈香樹からとれる香木《こうぼく》、白檀は熱帯性常緑樹でサンダルウッドと呼ばれる。甘い香りが特徴だ。

なお、仏式の葬儀において抹香を焚《た》くことを「焼香《しょうこう》」という。

では、なぜマッコウクジラと抹香が結び付くのだろうか。

それは、マッコウクジラの腸の分泌物から摂れる「龍涎香《りゅうぜんこう》」が抹香と同じような良い香りがすることから、生物学名として定着したのである。

龍涎香は英語で「ambergris」といい、淡黄色や黒褐色をしている。

実は、龍涎香はマッコウクジラの腸で作られた結石で、一九世紀までその存在は謎だったが、捕鯨が盛んに行われるなかでマッコウクジラの腸内から龍涎香が発見されたことでその由来が明らかになった。

日本一クジラを解剖してきた研究者の田島木綿子氏の『海獣学者、クジラを解剖する。』によると、龍涎香の主な成分は「アンブレイン」と呼ばれる有機物質とコレステロールの代謝物で、太陽の紫外線や餌のイカに含まれる銅が作用して、アンブレインの構造が酸素で切断されると、はじめて香り成分（ambroxan）が生み出されるという。

しかし、マッコウクジラの捕鯨が世界的に禁止となっている現在では、龍涎香をマッコウクジラの腸から取り出すことは不可能だ。

では、入手がまったく不可能かというとそんなことはなく、自然に体内から排出されたものが海を漂い、海岸に漂着して、それに出くわせば、手に入れることはできる。

とはいえ、そもそもマッコウクジラの腸から龍涎香が発見される確率だけでも一〇〇頭に一頭、あるいは二〇〇頭に一頭といわれ、超がつくほど貴重なものであることは間違いない。

そのため、古代エジプトでは龍涎香は神様への捧げ物として珍重されているほどであった。

マッコウクジラが捕鯨の対象になってしまったのは龍涎香のためではなく、冒頭で述べた大きな頭のためだ。

体の三〇パーセントを占めるといわれるこの大きな頭のなかには「脳油」という、文字通りの油が入っており、食用、燃料用、薬用として使われていたのだ。

この脳油はマッコウクジラにとってとても機能的な役割をはたしており、深く潜るときにはこの脳油を冷やすことによって比重を重くし、〝重り〟とする。逆に浮上するときは脳油を温めるというわけだ。

こうすることによってマッコウクジラは頭を下にしながら、三〇〇〇メートルもの海底にまで潜ることができるのである。

刑務官が死刑囚を絶対に名前で呼んではいけない理由

二〇二二（令和四）年七月二六日、一人の男の死刑が執行された。

二〇〇八（平成二〇）年六月八日、午後。

東京・秋葉原の歩行者天国にトラックで侵入し歩行者をはねたあと、ダガーナイフで襲い、男女七人が死亡、一〇人が重軽症を負った事件の犯人、加藤智大元死刑囚だ。前回の執行から約七か月後と、短い期間での執行となった。

拘置所の刑務官は、近々死刑が行われるのではないかと予想していたらしい。というのも、同月八日、安倍晋三元首相が奈良市内で応援演説中に射殺されるという重大事件が起きていたからだ。

これまでも、社会を震撼《しんかん》させる大きな殺傷事件が起こると、その後、死刑が執行されることが少なくなかった。

刑務官のあいだには、そんな経験則が伝えられていたのだ。

現在、死刑囚は独房に入れられ、自殺と逃走を防止するため二四時間、天井に付けられたカメラで監視されている。

死刑囚は必ず刑死してもらわなければならないため、健康な状態にしておく必要があるからである。

日本の死刑の方法は、絞首刑だ。

実はこれは一八七三（明治六）年から変わっておらず、アメリカが電気椅子↓ガス室↓薬物注射、タイが銃殺↓薬物注射へと移行したのとは対照的。死刑執行のボタンを押す刑務官にとっても精神的な負担が大きいといわれている。

死刑囚は一般受刑者と異なり、「刑務官は絶対に名前で呼んではいけない」という。

なぜか？

それは「そのほかの死刑囚への配慮」からだという。

隣の独房に入っている死刑囚が誰なのかわかってしまうと、その人物が起こした事件内容も自ずと知れる。

すると、死刑の順番もある程度把握できることになり、精神的に悪影響をおよぼす恐れがあるからだ。

したがって、刑務官は死刑囚を必ず「○○○番」という称呼《しょうこ》番号で呼ばなければならないのである。

死刑が選択刑として規定されている重大な殺人などを犯した犯人のなかで死刑の判決が出るのは約一パーセントといわれる。

また、死刑制度は犯罪の抑止ではなく、重大な殺傷事件を誘発している原因になっているともいわれる。私たち日本人は、死刑が執行されるたびにこの制度について考えさせられている。

一一月には、何と三日も「オシリの日」がある？

師走《しわす》を目の前にした一一月は〝お尻好き〟にとってはとても喜ばしい月かもしれない。「オシリの日」が三日も設けられているのだ。

一一月四日、一二日、三〇日がそれだ。

それぞれ、四日が「おしりたんてい・いいおしりの日」、一二日が「いいヒップの日」、三〇日が「いいおしりの日」（表記法は不明）である。

四日は、三つの中で唯一、一般社団法人日本記念日協会に制定されている記念日で、名前の通り、絵本やテレビアニメでおなじみの『おしりたんてい』にちなみ、株式会社ポプラ社が制定した。

見た目はおしりでも推理はエレガントなおしりたんていの誕生日がこの日で、もちろん「いい（一一）おしり（〇四）」との語呂合わせからきている。

この記念日をきっかけに、さらに多くの子どもや大人におしりたんていの魅力を知ってもらうことを目標にしている。

一二日の「いいヒップの日」は、日本記念日協会には制定されていない記念日で、いつから広まったのかは定かでない。

しかしながら、毎年この日になると、グラビアアイドルやモデルはツイッターのハッシュタグにして自身のおしりをアピールしているようだ。

こちらも、皆さんご想像の通り、「いい（一一）ヒップ（一二）」の語呂合わせだ。

三〇日の「いいおしりの日」は、現在は日本記念日協会に制定されてはいないが、数年前までは記念日であったらしい。

制定したのはモデルやタレントのプロモーションを手掛けていた会社で、月末を〝月のおしり〟に見立て、三〇日を「いいおしりの日」にしたようだ。

ちなみに、日本記念日協会に制定されている一一月四日のそのほかの記念日には、「かき揚げの日」「いい推しの日」「いいよの日」などがある。

なぜ一一月四日が「かき揚げの日」なのかというと、一一月一一日が「めんの日」（細く長いイメージから、全国製麺協同組合連合会が制定。毎月一一日も「めんの日」）で、カレンダーでその上の日が必ず四日であることと、めんの上にかき揚げがのっていることを模したもの。

こちらは、香川県三豊市にある冷凍食品の製造販売を手掛ける会社が制定した記念日である。

日本のインド料理店で調理する人は、実はほとんどネパール人？

「インネパ店」と聞いてすぐおわかりになった方は、かなりのアジア料理通である。

インネパ店とは「インド・ネパール料理店」の略称だ。

かつては街中に一軒か二軒、ポツポツとあった程度に過ぎなかったが、都会では小さな駅でも四、五軒、繁華街ならば一〇軒以上のインネパ店があるケースも珍しくない。

インネパ店という呼び名からもわかるように、これらの料理店はインドとネパールの料理、双方を出すか、両国のミックス、あるいはネパール料理を得意とする店が少なくない。

なぜか？

インネパ店で調理している人やオーナーの多くがネパール人だからである。

「インド・ネパール料理」と謳《うた》ってはいるものの、実質、厨房で働いているのはネパール人が少なくなく、店の代表もネパール人の方が多いと思われる。

その理由は、一九七〇年代からの日本のインド料理事情と無関係ではない。

この頃から日本の各地にインド料理の店ができはじめたが、インド料理店で働いていたのはインド人よりもネパール人の方がすでに多かった。

それは、ネパール人の方がインド人よりも人件費が安く、真面目でよく働く傾向にあったからだ。

そして、一九九〇年代以降、インド料理店で真面目に働いてきたネパール人が独立して新たなインネパ店をオープンすると、彼らは地元から人を呼び寄せ、店で働かせるようになった。

そして、また彼らが独立して……と受け継がれていき、日本のあちこちにインネパ店が増えていったというわけだ。

また、インド人にとっての「インド料理」は、幼い頃から身に付いた味付けが、辛さがあり、広大な領土の各地方によって雰囲気が異なる。

日本のインド料理屋のように、甘ったるいバターチキンカレーとバターがたっぷり塗ってある大きなナンだけがインド料理の代表ではないのだ。

その点、ネパール人にとってのインド料理は〝故郷の味〟ではないし、ネパール料理にはチベット料理（モモなど）やインド料理の要素が入り込んでいる。

ネパール人の方がインド料理に対する偏見がないことから、インネパ店にはインド人よりもネパール人のコックの方が〝適任〟なのかもしれない。

ロシア人に〝マヨラー〟が多いのはなぜか？

卵黄と酢と油などを混ぜて作る「マヨネーズ」。日本では、マヨネーズをこよなく愛する人を「マヨラー」と呼び、定着している。

しかし、世界には日本人に負けないほどのマヨラーがいる。

ロシア人だ。

実はロシア人こそ「世界一のマヨラー」といっても過言ではない。

データによると、ロシア人の国民一人あたりのマヨネーズの年間消費量は約六・四キロ（「ロシアの食習慣や食生活の傾向について」野村総合研究所［二〇一七年一二月］）。日本人の平均が約三キロだから、倍以上の数値だ。

なぜロシア人はこんなにもマヨネーズが好きなのだろうか。

ロシア風のポテトサラダ「オリヴィエ・サラダ」や、切ったピーマンにニンニクマヨチーズをたっぷりと塗り込んだ料理など、ロシア料理にはマヨネーズを使ったたくさんの料理があるが、ロシアとマヨネーズの関係は「ロシア革命」までさかのぼって説明する必要がある。

一九一七年三月、首都ペトログラードで第一次世界大戦の重圧に耐えかねた労働者や兵士がストライキや反乱を起こす。各地に労働者や兵士が「ソヴィエト（評議会）」を作り、政府は事態を収められない。そして、ロシア帝政はあっけなく崩壊した（三月革命）。その後、一九二二年、ソヴィエト社会主義共和国連邦（ソ連）が樹立。一九九一年の崩壊まで社会主義を採用していく。

しかし、平等が前提の社会主義では、一般民衆が贅沢《ぜいたく》することは許されなかった。そこで幅を利かせたのが料理の分野ではマヨネーズだったらしい。

安く、長期保存が可能で、大量生産もできる。

しかも、寒冷地であるソ連人にとってみれば手早くカロリーを摂取できる。ソ連人にとって、マヨネーズはなくてはならないアイテムとなっていった。

とはいえ、この〝定説〟を調べてみると面白いことがわかった。

現在では事情も変わってきているようで、昨今、ロシア人はあまりマヨネーズを好まない傾向にあるというのだ。

確かに九〇年代までは物資の不足などで、安価に手に入るマヨネーズが重宝されていたようだが、ペレストロイカ（一九八五年以降、ゴルバチョフ書記長によって行われた改革）によってアメリカの商品が数多くソヴィエトに入ってくると、マヨネーズの有り難さも徐々に薄れていったようである。

また、ロシア人のなかには、マヨネーズをふんだんに使った料理を出す店を避ける人も少なくないようだ。

回転寿司のレーンがほとんど右回りなワケ

スシロー、無添くら寿司、はま寿司など、回転寿司業界はしのぎを削りながら発展を続けている。

皆さんも一度は回転寿司店に足を運んだことがあるだろうが、回転寿司のレーンは右回りであることが多い。これはいったいなぜだろう？

レーンが右回りであるのは、日本人に右利きが多く、右手で箸を持ち、左手で皿を取る傾向にあることと無関係ではないらしい。

この場合、右から皿が回ってくれば寿司を長く見ることができ、皿を取るか取らないかじっくり判断できるからだという。

では、左回りのレーンは存在しないのだろうか？

実はそんなことはなく、店舗の構造によっては左回りのレーンも存在する。

厨房からレーンが出てお客様に早く届けるために左回りの方がよければ、そのように設置するのである。

「左回りのレーンの店は売り上げが悪い」という説が取り沙汰されたこともあったが、それも噂の域を出ない話であるらしい。

寿司コンベア機の販売台数第一位の「北日本カコー」によると、回転寿司が全国にその名を広めたのは大阪万博（一九七〇年）に元禄《げんろく》寿司が出店したことがきっかけだという。

そして、『広辞苑』に「回転寿司」の項目がはじめて加えられたのは一九九一（平成三）年のことで、以降、一〇〇円均一を売りにする大型チェーン店が全国に広がっていくようになる。

日本における回転寿司の歴史は、優に半世紀を超えているのだ。

なお、レーンのスピードは分速四・五メートルが標準で、最速で七・三メートルほどである。

世界一高いタワマン「セントラル・パーク・タワー」のスゴい構造

一般的なマンションよりも際立って高いマンションを「タワーマンション」と呼ぶ。略称は「タワマン」だ。

全国の都道府県のうち、もっとも多くのタワマンが立っているのはやはり東京で、その九割以上が二三区内にある。

〝タワマンのメッカ〟は港区と江東区である。

青山や赤坂、麻布を擁する港区が挙げられるのはわかるが、なぜ江東区なのかというと、ここ十年来の豊洲《とよす》や辰巳《たつみ》といった湾岸エリアでの建設が影響している。

豊洲や辰巳は、二〇年前までは東京の〝陸の孤島〟といった感があったが、再開発で見違えるような街になった。

とはいえ、一本裏道に入ると、昔ながらの町中華が常連で賑わっているなどして微笑ましくも感じる。

タワマンは際立って高ければタワマンなのではなく、一応の基準がある。

タワマンは、二〇階以上、高さ六〇メートル（または環境アセスメントが適用される高さ一〇〇メートル）以上のマンションのことを指す。

日本初のタワマンは今から約五〇年前の一九七六（昭和五一）年に建てられた「与野ハウス」で、もっとも高い一号棟と二号棟は高さ六六メートル、二一階建て、一一階建ての三号棟と四号棟を合わせると総戸数四六三戸となる大規模なマンションだった。

敷地内に幼稚園が併設され、エントランスや中庭が広かったりと、半世紀前にしてはかなり画期的な建物だった。与野ハウスは現在も健在である。

日本でもっとも高いタワマンは「虎ノ門ヒルズレジデンス」（東京都港区）で、最高部で二五五・五メートル。住戸は三七階から四六階に位置し、総戸数は一七二戸なのだが、では、世界に目を向けてみるとどうだろう。

世界でもっとも高いタワマンは、アメリカ合衆国のニューヨークに立つ「セントラル・パーク・タワー」だ。

その高さはなんと四七二メートル。最高階は驚きの一三一階だ。建設の総コストは約三〇億ドルというから、日本円で約四〇〇〇億円に達しようかという金額である。

建物のうち、一三階から一三一階が基本的に住宅で、ジム、プール、キッズスペースはもちろん完備。二〇二二年一〇月にはペントハウス（最上階）が売りに出されたが、その価格は驚愕の約二億五〇〇〇万ドル。日本円にして約三六〇億円もする。もう、訳がわからない。

タワーの最上階にあたる一二九階から一三一階の三フロアを占めているペントハウス（一六三〇平方メートル）は地上四三〇メートルに位置し、その極端な高さから、地球の丸さを感じることができる眺望だという。

このペントハウスを扱う不動産エージェントも「あまりにも大きい。正気の沙汰じゃない。こんなの見たことがない」とのコメントを残しているほどだ（「LIFE INSIDER」ホームページ）。

人が出す唾液の量は、何と一日に一・五リットル！

個人差はもちろんあるが、ヒトは一日に一～一・五リットルの唾液《だえき》を作っている。

唾液は、食べ物と混ざり合うことによって食べ物を消化する働きがあり、風邪などの細菌が体のなかまで入らないように守ってくれる。

唾液のなかには多くのミネラル成分が含まれており、食事のたびに歯に戻されて再石灰化が起こる。

つまり、溶かされた歯をもとに戻す働きがあるということだ。

味を感じさせるのに役立つのも唾液。

食べ物が唾液で分解され、舌の味蕾《みらい》細胞に味の成分が多く浸透することにより、食べ物が持つ本当の味がわかるようになる。

唾液は、九五パーセントが「大唾液腺」という器官から分泌されている。

大唾液腺には耳下腺《じかせん》、顎下腺《がっかせん》、舌下腺《ぜっかせん》があり、口の周りには小唾液腺という文字通り小さな唾液腺がある。

食べ物をよく噛んだり、酸味のあるものを飲んだり、水を多く飲むと唾液腺が刺激され、より多くの唾液が出るようになるとされる。

唾液の量に個人差があるのは先ほど述べたが、実は季節、年齢、性別、服用している薬剤などによって変化することがわかっている。

また、アルコールがもたらす利尿作用や食事量の不足、水分量の不足などによって脱水が起こり、唾液量も減ってしまう。

そうなると、口のなかの環境が悪化し、病気を呼び寄せる原因となる。

唾液量を正常にする。

これが、体を健康に保つ秘訣の一つなのだ。

なぜ舞浜駅は「ディズニーランド前駅」ではないのか？

二〇二三（令和五）年四月一五日に開園四〇周年を迎えた東京ディズニーリゾート内のテーマパーク「東京ディズニーランド」。

一九八三（昭和五八）年の開園時、現在のような「パスポート」のほか、「入園券」「アトラクション券」、入場券とアトラクション券を合わせた冊子タイプの「ＢＩＧ10」などのチケットがあった。

開演当初、パスポートは三九〇〇円、ＢＩＧ10は三七〇〇円だった。二〇二三年七月二〇日現在のパスポート料金は変動制で、一日券の場合、大人が七九〇〇～一万九〇〇円、中人が六六〇〇～九〇〇〇円、小人が四七〇〇～五六〇〇円となっている。

パスポート料金は四〇年で二・四倍以上（最大）になったが、入場者数は増え続けている。東京ディズニーランドの魅力はこれからも衰えることはないだろう。

東京ディズニーランドの最寄り駅といえばＪＲ京葉線の「舞浜駅《まいはま》」だが、なぜ「ディズニーランド前駅」と命名されなかったのだろうか。

ＪＲ鹿児島本線の「スペースワールド駅」（スペースワールドは二〇一八年一月一日に閉園）やＪＲ桜島線の「ユニバーサルシティ駅」（ユニバーサル・スタジオ・ジャパンの最寄り駅）のように、園の名前が付けられなかったのかなぜなのか？

実は、舞浜駅の開業は、東京ディズニーランドと同時ではない。

舞浜駅が開業したのは、同園のスタートから五年以上が過ぎた一九八八（昭和六三）年一二月一日である。

舞浜駅は、京葉線が同年に新木場駅まで延びたときに開業することになった。開業前に予定されていた駅名は「西浦安駅」だったという。

では、なぜ「ディズニーランド前駅」にならなかったのかというと、ウォルト・ディズニー・カンパニーの許可が得られなかったためといわれる。

ディズニーランドが駅名に使われてしまうと、飲食店はもとより、もしかしたら風俗店や遊戯店に「ディズニーランド駅前店」と名付けられてしまう可能性がある。

そのため、ディズニーランドという駅名が却下されたようだ。

結果、「舞浜駅」に落ち着いた。

浦安市の公式サイトによると、舞浜とはもともと埋立地に付けられていた地区名で、一九七五（昭和五〇）年一一月一九日に誕生している。

舞浜は、日本の代表的な神楽舞《かぐらまい》「浦安の舞」にちなんだものだ。

これまで『浦安市史』などでは「大規模レジャーランド（東京ディズニーランド）が建設される地域であるため、アメリカ合衆国のディズニーワールドの近くにあるマイアミビーチにちなんで命名された。」としてきたが、市史を検証するなかで、一九七五年一一月二九日の町議会において当時の熊川好生町長が「浦安の舞にちなんで舞浜と名付けた」と説明し、可決されていたことが確認され、「舞浜＝マイアミビーチ説」は誤りであることがわかった。

マイアミから、ディズニーワールドがあるオーランドまでは飛行機で約一時間。アメリカの国土から考えると〝近い〟のだろうが、なぜ舞浜とマイアミビーチが関連づけられたのかは定かでない。

ドラマの「時代考証」って、いったいどんなことをしているの？

ＮＨＫの大河ドラマのほか、年末の特番などで放送される「歴史ドラマ」。

二〇二三（令和五）年度の大河ドラマの主人公は徳川家康《とくがわいえやす》で、次年度は紫式部《むらさきしきぶ》を題材としている。その次は〝江戸のメディア王〟蔦屋《つたや》重三郎《じゅうざぶろう》だ。

そんな歴史ドラマに欠かせない役割の一つが「時代考証」を担当する歴史の専門家たちである。

そもそも、時代考証とはどんなことをする仕事なのだろうか？

時代考証を簡単に述べると「歴史ドラマを史実に則しているかどうかチェックする仕事」だ。

作品によって時代考証人の関わり方は異なり、すでにできあがった台本を手直しし、撮影後の映像を確認する場合から、脚本を進める段階から参加する場合もある。

確認する項目は多岐にわたるが、たとえば「言葉のチェック」や「シーンの検証」は重要だ。

前者においては「当時はそんな話し方はしていない」とか「言葉の意味が違う」という確認が日々行われ、後者においては「このシーンで、この人物がいるのはあり得ない」といった検証も行われることになる。

ただ、歴史ドラマだからといって「史実に忠実であれば良い」ということはない。

歴史ドラマはあくまでドラマであって、史実に忠実にしたならば、人物のセリフは私たち現代人にはわけのわからない言葉になってしまう。

そこで、視聴者がわかる範囲で言葉を変えたり、史実とは異なるがそのまま使用することもあるらしい。

そもそも、兵士同士が刀を手にして近距離で戦う「チャンバラ」は〝あり得ない戦法〟といわれる。

合戦では、最初に弓、投石、鉄砲などを用いて遠くから攻撃することからはじめ、それらを援護射撃として兵士が刀を持って切り込んでいくのが定石《じょうせき》。いきなり刀でチャンチャンバラバラ戦うわけではないのだ。

しかし、史実に則して弓や投石で合戦をはじめるのは、ドラマの演出としてはいかがなものだろうか。

やはり、視聴者を熱くさせるのは近距離で兵士が戦うチャンバラだろう。

そんなときは脚本家、演出家、時代考証人が議論を重ねて、各々妥協しながら演出法を探っていくことになる。

大河ドラマは一年間にわたって放送されるため、時代考証人も一年は心が休まることがないらしい。

現場からの問い合わせの電話はしょっちゅうかかってくるし、誤った演出がなされていれば視聴者からのクレームが入ることもしばしば。

しかし、彼らは、歴史の面白さが少しでも伝わればと願い、時代考証の役割を担っているのだ。

歴史ドラマはあくまでドラマであり、歴史ドキュメンタリーではない。

なぜパジャマにはポケットが付いているのか？

私たちが夜、寝るときに身に着ける服「パジャマ」。

パジャマの語源はヒンディー語（ないしウルドゥー語）の「パジャーマー」「パーイジャーマー」とされ、インド人やペルシャ人が履くゆったりとしたズボンを指していた。

それが、インドに駐留していたイギリス人兵士がいつしか夜用の衣服として身に付けはじめ、寝るときに着るパジャマになったのだという。

パジャマの意匠《いしょう》をよくご覧になるとわかるが、さりげなくポケットが付けられていることが少なくない。

パジャマやルームウェアを製作しているメーカーによると、これは、実用的な面とデザイン面から付けられていることが多いという。

というのも、病気で入院するときなど、一日中パジャマを着ていなければならないときはスマホを携帯するためにポケットがあった方が便利だし、シンプルなデザインの方がスッキリするとはいえ、ワンポイントのアクセントとしてポケットが付いている方が見栄えが良いだろう。

ただし、寝心地を考えればない方が良い場合もあり、メーカーもその点については「不要ともいえる」と認めている。

いくつかパジャマを調べたところ、襟《えり》の後ろに小さなポケットを付けたパジャマを発見した。

なんと、このポケットはコンドームを入れるためのものなのだそう。夜、パジャマを着ているときにゴタゴタしないように、専用のポケットがあるのだとか。

トルコで七面鳥のことを「インド人」と呼ぶのはどうして？

七面鳥は英語で「ターキー（turkey）」。つまり「トルコ」と呼ばれている。

これは、いったいなぜか？

諸説あるが、イギリスでは、アメリカ大陸が発見される前からアフリカ原産のホロホロチョウを「ターキー」と呼んでいた。

それは、ホロホロチョウがトルコ人の商人によって輸入されていたためだが、アメリカ大陸に移住したイギリス人が、北米原産の七面鳥を見たときにホロホロチョウと見誤って「ターキー」と呼んだ。それがきっかけとなり、七面鳥は英語でターキーと呼ばれるようになったのだという。

では、そのトルコでは七面鳥を何と呼んでいるのか？

興味深いことに、「ヒンディー」つまり「インド人」と呼んでいるのだ。

しかも、ロシア語やフランス語でも七面鳥は「インド人」なのである。

これにはどんな歴史があるのだろうか。

この不思議の謎を解くには、コロンブスの航海を思い出してみてほしい。

彼がアメリカ大陸を〝発見〟したとき、そこが「インド」だと思って引き返してきたわけだが、トルコ語やロシア語、フランス語が指す「インド」は現在のインドではなく、アメリカなのではないか。

したがって、北米原産の七面鳥はアメリカと同じ意味で「インド人」と呼ばれているようである。

ちなみに、二〇二二（令和四）年六月、トルコは今後、国連での国名を「Turkey（ターキー）」ではなく「Turliye（テュルキエ）」に変更すると要請。国連もそれに同意した。

これはトルコが自国のブランドを高めるために打ち出したもので、英語のターキーが七面鳥と関連づけられていることも影響しているようだ。

また、ケンブリッジ英語辞典が、ターキーの意味の一つとして「ひどい失敗」「ばか者、愚か者」といった定義を挙げている点も、トルコが国連での呼び名を変えた理由の一つであるという（参考：BBC NEWS JAPAN）。

グリーン車が緑色になったなるほどの理由とは？

二〇二二（令和四）年四月、ＪＲ東日本は中央線の快速電車に導入を予定しているグリーン車について、導入時期が遅れ、二〇二四年度末になる見込みだと発表した。

中央線へのグリーン車導入の延期が発表になったのはこれで二回目。バリアフリー化に伴う工事や関係各所との協議が難航し、延期になっているのだそうだ。

ＪＲの普通列車のほか、新幹線などに連結されている「グリーン車」。

一席あたりの占有面積が普通車よりも広かったり、背もたれがリクライニングできたり、車内販売があったりと、ちょっと上のサービスが受けられる。

関東の六路線（高崎線・宇都宮線、湘南新宿ライン、常磐線、上野東京ライン、東海道線、横須賀線・総武線快速。ただし、一部グリーン車のない車両もある）にはグリーン車が連結されているが、朝の通勤時間帯には都心までの上り線のグリーン車が満席に埋まることも少なくない。車内でパソコンを開き、仕事をしている人もよく見かける。

グリーン車の緑の由来だが、いくつか説があるようだ。

主には二つで、一等車の車体の側面に引かれていた「淡い緑色の帯」を由来にする説と、一九五八（昭和三三）年より急行列車の特別二等車で指定席と自由席を区別するため、「指定席のヘッドレストに淡い青緑色のカバーが被《かぶ》された」とする説の二つだ。

また、三つ目の説として「東海道新幹線の一等車側面の帯色」からくるという説や、「一等車の切符の緑色」からきたという説もある。

いずれにせよ、一九六九（昭和四四）年から国鉄の内部では特別車両をグリーン車と呼んでいたようだ。

ちなみに、グリーン車のマークが四葉のクローバーなのは、「グリーン車を利用する人に幸運が訪れてほしい」という願いが込められているためだそうで、多くの国鉄特急のヘッドマークのデザインを担当した黒岩保美氏によるものである。

恐竜の肌は、茶色や灰色だけではありません！

いつの時代も、私たちの想像を掻《か》き立ててやまない「恐竜」。

スティーブン・スピルバーグが監督した映画『ジュラシック・パーク』はシリーズ化して数多くのファンを生み、夏になると子ども向けに必ずといっていいほど博物館で恐竜展が催される。

そんな恐竜に抱く私たちのイメージは、コモドオオトカゲの皮膚のようなくすんだ暗い灰色や暗い青色だと思うが、実は恐竜の肌の色はわかっていない。

なぜなら、恐竜の皮膚が化石として残されていることがほとんどないからだ。

しかも、たとえ残されていたとしても、恐竜が生きていた当時の色が保たれていることもほとんどない。

したがって、恐竜展に展示されている恐竜のレプリカや、恐竜図鑑に載っている恐竜の

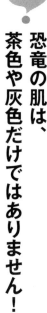

姿などは、イラストレーターや制作者が想像で色付けしているのである。

その多くは、爬虫類や鳥類など、恐竜に近い種類の動物を参考にして描くことが少なくないらしい。

以前は変温動物のイメージが強かったことから、トカゲなどを参考にして地味な色合いにすることが多かったが、その後の研究・発掘によって羽毛恐竜の存在が明らかになると、鳥をモチーフにした鮮やかな色合いも増えてきた。

たとえば、ミクロラプトルは玉虫色に光る黒い羽が生えていたと考えられており、シノサウロプテリクスは世界ではじめて羽毛が確認された恐竜で、背中がオレンジ色で、尻尾がオレンジ色と白色の縞模様というカラフルな皮膚をしていたと推測されている。

今後、恐竜の研究がさらに進めば、恐竜の肌の色も鮮やかになっていくかもしれない。

宇宙人がいそうな惑星は宇宙にいったい何個ある?

「宇宙人ははたして存在しているのか? いないのか?」という謎は、人類が歴史を作ってきた時代からずっと議論の的になっている。

紀元前二〇〇年頃から紀元後八〇〇年頃まで栄えたナスカ文化時代に描かれた「ナスカの地上絵」は「宇宙船が着陸するための滑走路」とする説もあるし、中米のホンジュラスで紀元五世紀から九世紀にかけて栄えたマヤ文明の都市コパンの遺跡はとても奇妙な意匠に彩られ、「異世界の生物の子孫に支配されていた痕跡」ともいわれている。

二〇世紀になっても宇宙人にまつわる議論は絶えず、一九四七年七月にアメリカ合衆国のニューメキシコ州ロズウェル付近で墜落したＵＦＯをアメリカ軍が回収した「ロズウェル事件」はつとに有名だ。

私たち地球人のほかに宇宙人が存在しているのかどうかという謎は、このようにはるか昔から唱えられているものだが、現在はどのように考えられているのだろうか？

近年の観測では、一〇〇光年以内に二九個の「液体の水がある惑星」があることがわかっている。

これは、アメリカのコーネル大学などのチームがイギリスの科学誌『ネイチャー』に発表した論文で、人工的な電波が受信できる一〇〇光年以内に、生命の存在に必要な液体の水がある惑星がいくつあるのか推計したところ、それに該当する太陽から一〇〇光年以内の恒星が七五個あり、その七五個の恒星に液体の水がある惑星が二九個あることがわかったというのだ。

人類が電波を利用するようになってからすでに一〇〇年が経過しているから、この二九個の惑星にはすでに人工的な電波は届いていることになる。

コーネル大学などのチームは「向こうはすでに、地球に生命が存在するとわかっているかもしれない」と指摘している。

生物が生きていくためには、適度な温度、気体の酸素、液体の水が必要だと考えられている。

この、生物が生きていくことができると考えられる領域を「ハビタブルゾーン」と呼ぶが、最近の研究では、太陽系のハビタブルゾーンは地球だけではないことがわかっている。

木星の衛星エウロパがその一つだ。

エウロパの海は厚さ約一〇マイル（約一六キロ）の氷に埋もれているが、木星のまわりを回るときの潮汐力《ちょうせきりょく》によって熱が発生するなどして、生命が生息できないほど温度が低いとは限らないといわれている。

地球以外のハビタブルゾーンを探す研究ははじまったばかりだ。

今後、研究がますます進めば、地球人以外の生命体に出会える可能性も、なくはないのである。

メジャーリーグの年金額、いったいいくらもらえる？

ＮＰＢ（日本野球機構）の場合、引退した有名選手はコーチや監督、テレビ解説者などに就くのがセカンドキャリアの代表例だろう。

だが、ＭＬＢ（メジャーリーグベースボール）の場合、日本の元プロ野球選手と同じとは決していえず、おおよそ悠々自適《ゆうゆうじてき》にセカンドライフを楽しんでいる。暖かい土地に大きな家を建てて家族と楽しく暮らす人も少なくない。

現役時代から行っているサイドビジネスを引退後も続ける人もいる。

年俸三〇〇万ドルを稼いでいた某クローザーは、父親から継いでいた貿易会社を本格的に手掛けるためにメジャーリーガーの地位を捨てたというからすごい。

しかし、このように、引退後に比較的楽な生活が送れる背景には、手厚い年金制度のおかげもあるのではないだろうか。

現在のメジャーリーグの年金制度では、四三日以上のメジャー登録があれば受給資格が得られる。

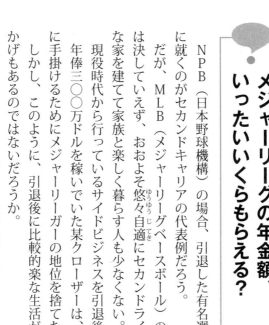

シーズンを重ねるごとに受給額もアップし、一〇シーズンで満額支給となる。だから、一一年いても一二年いても額は変わらないのだ。

なお、元巨人で、ボルチモア・オリオールズ、テキサス・レンジャーズ、ボストン・レッドソックスなどで活躍した上原浩治氏によると、一日でもメジャー登録があれば年金がもらえ、一年の登録でも満額の一〇分の一の支給額が受け取れるらしい。

支給年齢は六二歳からで、前倒しも可能。生涯年金なので、死ぬまで受け取ることができるのも嬉しい。

積立金は年俸（給与）から自動的に引かれているようだ。

支給額は、メジャーで一〇年以上の選手であれば最高で年間二〇万ドル（約二六八〇万円）以上もらえるという。

これまで満額支給の資格を得ている日本人選手は、野茂英雄氏、大家友和氏、松井秀喜氏、イチロー氏の四人のみ。現在、二刀流で大活躍している大谷翔平選手は確実に満額支給の対象者となるに違いない。

とはいえ、このような羨《うらや》ましいほどの年金制度は、あくまでメジャーリーガーが対象者である。

マイナーリーグ止まりだった選手には一ドルも支払われないのだ。

そういう意味では、世界で成功した野球選手だけが手にできる制度といえるだろう。

「クマに遭遇したら死んだフリをする」はホントか？

環境省の「クマ類による人身被害［速報値］」によると、令和四年度（令和五年二月末暫定値）のクマによる人身被害数は、ツキノワグマが七一件、ヒグマが四件となっている。死亡者はツキノワグマの二人だ。

このデータによると、クマの被害はほぼ全国におよぶが、千葉、徳島、香川、愛媛、高知、福岡、佐賀、長崎、熊本、大分、宮崎、鹿児島、沖縄の各県では近年、クマの目撃・捕獲実績がないため、表示されていない。

これより、九州・沖縄にはクマが人里に出てきていないことがわかる。本州でクマの目撃情報がないのが千葉だけというのも興味深いところだ。

クマに遭遇したら「死んだフリ」をすればいい、とは昔からよくいわれている対処法だが、「死んだフリをしたけれど襲われた」「死んだフリなんて、無駄だ」といった情報もネット上に散見される。

この教えは、本当のところ、どうなのだろうか？

ＮＰＯ法人「日本ツキノワグマ研究所」の米田一彦理事長によると、死んだフリの有効性については諸説あるが、米田氏は効果があると考えているという（以下、ダイヤモンドオンライン［二〇二三年三月二二日］を参考）。

絶対にやってはいけないのは「クマに背を向けて逃げる」ことで、クマが左右前後に急に動くものに敏感に反応し、反射的に襲ってしまうためだ。

山本麻希准教授（長岡技術科学大学）によると、クマの走る時速は四〇キロ。人間は絶対にクマを振り切れない。

そして、米田氏が語る〝有効的な死んだフリ〟とは「地面にうずくまった状態で丸くなり、両手で首をガードする」というものである。

いったんクマに襲われれば無傷ではいられないが、これならば致命傷を負うことを避けるために急所を守ることができる。

もし、ピッケルやスコップ、リュックサックといった道具を持っていたときは、それらを広げて自分の姿を大きく見せるのも有効的だという。

クマよけの鈴は、「チーン」というような高い音の鳴る鈴は効果的だが、「ガラガラ」という音がするような鈴は音が広がらないため、効果が薄いようだ。

なお、環境省自然環境局の「クマ類の出没対応マニュアル（改訂版）」（令和三年三月）によると、クマとばったり遭遇しないために「ラジオなどで音を出して人の存在をアピールする」「藪《やぶ》などの茂みに不用意に近づかない」「薄明薄暮《はくめいはくぼ》の時間帯や夜間の外出をできるだけ控える」「家の周りに照明を設置するなど、暗闇での早期発見に努める」「クマが侵入しないよう、自宅や倉庫などの施錠を徹底する」といった対処法が挙げられている。

選挙事務所ではコーヒーとケーキを出してはいけない？

二〇二三（令和五）年四月、四年に一度の統一地方選挙が行われた。

この月は選挙カーの往来が激しく、候補者名を連呼しながらあちこち走り回っていたことだろう。

選挙カーに乗り込み、アナウンスを行う「車上運動員」を「ウグイス」というが、「ウグイス嬢」とも呼ばれるように、この呼び名は女性の場合で、男性の車上運動員は「カラス」という。

選挙カーのアナウンスは原則として「候補者名を連呼する」ことのみが許されたことだ

が、ただ単に候補者名だけを呼びかけていても間がもたない。そこでウグイスは臨機応変に言葉を繰り出し、場を盛り上げる。

犬を連れた人がいたら「○○（候補者名）も犬を飼っております。犬にも優しい町づくりをめざします！」などとアドリブを交え、親近感を与えるのだ。

もちろん、選挙カーに手を振ってくれた人には「ありがとうございます！　頑張って参ります！」と応えることも忘れない。

このように返すことで、「この候補者は支持されているんだな」とそのほかの人にアピールすることができるからである。

選挙は「公職選挙法」のもとに行われるが、一九五〇（昭和二五）年四月に施行されたこともあって、思わず「ええっ！」と唸《うな》ってしまうルールも少なくない。

たとえば、第百三十九条「飲食物の提供の禁止」。

「何人も、選挙運動に関し、いかなる名義をもつてするを問わず、飲食物を提供することができない。但し、湯茶については、この限りでない。」とある。

この条項を実際にあてはめてみると、お茶やまんじゅうを出すのは許されるが、コーヒーやケーキはアウトらしいのだ。

これは、先に述べたように、この法律が成立したのが戦後まもない時期だったため、コーヒーやケーキは高級品で〝賄賂〟にもなり得たからだろう。

また、同条項により、〝陣中見舞い〟として酒、料理、軽食などを選挙事務所へ持っていくと違反になってしまう。

陣中見舞いは「個人から候補者への選挙運動に関する寄附」とみなされてしまうのである。

なお、選挙運動員などへの弁当の提供は可能。なんともチグハグな法律だ。

「mizkan」と「MAZDA」が「Z」になっている理由

鍋用の調味料などに使うぽん酢のジャンルで圧倒的な知名度を誇る「味ぽん」でおなじみの食品メーカー「ミツカン」。

そして、スポーツカー「ROADSTER」をはじめ、スタイリッシュなデザインが目を引く自動車メーカー「マツダ」。

この二社の社名に共通することはなんだろうか？

それは、社名に含まれている「ツ」の英語表記が「tsu」ではなく「z」なのである。

ミツカンは日本での社名表記も「mizkan」だし、マツダは一九七五（昭和五〇）年に

「MAZDA」のロゴマークを導入する際に英語表記も「MAZDA」に変更した。

mizkanはもともと「Mitsukan」という英語表記だったが、二〇〇四（平成一六）年に創業二〇〇年を迎えるにあたって、海外でのブランドイメージを強化する目的から、ロゴマークを「mizkan」に変更。日本での社名表記も「mizkan」となった。

一方、「MAZDA」だが、この表記法が用いられたのは今から九〇年以上前の一九三一（昭和六）年のこと。

マツダの前身の東洋工業がはじめて生産した三輪トラックの英語表記として採用されたのが最初とされている。

MAZDAの由来は「Ahura Mazda（アフラ・マズダー）」。古代イランのゾロアスターを開祖とする宗教「ゾロアスター教」の最高神だ。アフラは「主」、マズダーは「賢明な」を意味し、あらゆる善なるものの創造主である。

この神様の名前をモチーフとして、創業者・松田重次郎が自分の苗字と合わせて「MAZDA」の表記法が生まれたようである。

なぜ、「mizkan」や「MAZDA」のような独特な表記法が生まれ、私たちはそれを「ツ」と読むのに違和感がないのだろうか。

それには、日本語の「タ行」の成り立ちと関係がある。

実は、タ行は、子音がすべて「t」から成り立っているわけではないのだ。

どういうことかというと、タ行のア段（タ）、エ段（テ）、オ段（ト）の子音は「t」で間違いないが、イ段（チ）はチャ行（チャ・チ・チュ・チェ・チョ）由来の「チ」で、ウ段（ツ）はツァ行（ツァ・ツィ・ツ・ツェ・ツォ）由来の「ツ」が用いられているのである。

ヘボン式のローマ字で「チ」は「ti」ではなく「chi」、「ツ」は「tu」ではなく「tsu」であることからも、タ行の子音がすべて「t」でないことがわかる。

また、私たちが「ズ」と「ヅ」の読みの区別を厳密にしていないことも、「mizkan」や「MAZDA」という表記に対して違和感を持ちにくい原因の一つだろう。

「遭難者が世界一多い山」としてギネスに認定された日本の山とは？

群馬と新潟の県境にあり、日本百名山の一つに数えられる「谷川岳《たにがわだけ》」。大自然が作り上げる雄大な景色は多くの登山客を魅了し続け、スキーヤーも多く呼び寄せている。

しかし、谷川岳は別名「魔の山」とも呼ばれる。

なんとも不気味な異名だが、実はその名の通り、「世界一遭難者が多い山」としてギネスにも認定されている山なのだ。

一九三一（昭和六）年から二〇二〇（令和二）年六月までで死者八一八名、行方不明者六名を生んだ〝恐るべき山〟である。

谷川岳は標高一九七七メートル（オキノ耳）と、北アルプスや南アルプスの山々と比べても決して高い山ではない。ましてや世界最高峰のエベレストの二割程度の高さでしかない。

それなのに、なぜ、エベレストをはじめとする八〇〇〇メートル級の山々で亡くなったり行方不明になったりした人の数を谷川岳は上回っているのか？

大きな理由の一つは、天候の変化が激しいこと。

谷川岳を擁する谷川連峰は本州の中央部に位置する中央分水嶺《ぶんすいれい》だ。日本海側と太平洋側の異なった気候がちょうどぶつかり、不安定な天候を生み出す場所なのである。

冬季には、日本海から谷川岳に向かって季節風が厳しく吹き付ける。登山客にとっては、一瞬たりとも油断することはできない気象条件だ。

また、一ノ倉沢《いちのくらさわ》も多くの人の命を奪ってきた難所だ。

一ノ倉沢は多くのアルピニストを魅了し続けてきた場所で「ロッククライマーの聖地」と呼ばれる。真夏でも残雪が見られ、眺めるだけに訪れる観光客も多い。

しかし、トレッキングルートの未舗装道路の岩肌には、この山岳に命を奪われた人を追悼するためのプレートが複数あり、谷川岳が本当に「魔の山」であることを物語っている。
谷川岳の上部は蛇紋岩《じゃもんがん》や玄武岩《げんぶがん》でできていることから滑りやすく、登山者の行く手を阻んでいることも、死者が多い理由の一つであるとされる。

プロ野球の「オーナー企業」を見れば日本経済がわかる？

二〇二三年シリーズの日本のプロ野球のオーナー企業は、以下の通りである。

【セントラル・リーグ】
東京ヤクルトスワローズ↓ヤクルト本社
横浜ＤｅＮＡベイスターズ↓ディー・エヌ・エー
阪神タイガース↓阪神電気鉄道
読売ジャイアンツ↓読売新聞グループ本社
広島東洋カープ↓マツダ
中日ドラゴンズ↓中日新聞社

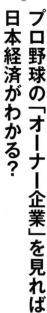

【パシフィック・リーグ】
オリックス・バファローズ↓オリックス
福岡ソフトバンクホークス↓ソフトバンクグループ
埼玉西武ライオンズ↓西武鉄道
東北楽天ゴールデンイーグルス↓楽天グループ
千葉ロッテマリーンズ↓ロッテホールディングス
北海道日本ハムファイターズ↓日本ハム
このオーナー企業を「業種別」に分類してみると、どうだろう。
［市民球団（松田家）］
広島東洋カープ
［新聞］
読売ジャイアンツ
中日ドラゴンズ
［鉄道］
阪神タイガース
埼玉西武ライオンズ

［金融］
オリックス・バファローズ
［食品］
東京ヤクルトスワローズ
千葉ロッテマリーンズ
北海道日本ハムファイターズ
［IT］
横浜DeNAベイスターズ
東北楽天ゴールデンイーグルス
福岡ソフトバンクホークス

これよりわかるのは、二〇二〇年代、プロ野球界の企業として隆盛を誇っているのは「食品」と「IT」である、ということだ。

確かに、食品業界の値上げにはある程度の覚悟が感じられて一歩も引く気配はないし、ChatGPTの普及のほか、IT業界の衰退はまずあり得ない。

プロ野球の球団を持つには年間で数十億もの金が必要になるのだから、基本的には経営が安定している、または体力がある企業がプロ野球のオーナー企業に就いている。

そのため、このオーナー企業を辿っていけば、かつての日本の姿を垣間見ることができるのではないだろうか。

日本のプロ野球の歴史は一九三六（昭和一一）年に「日本職業野球連盟」が設立され、現在のようなペナントレースがはじまってからだが、当時、加盟していたのは以下の七球団である。

東京巨人軍（読売新聞）
名古屋軍（新愛知新聞）
名古屋金鯱《きんこ》軍（名古屋新聞）
大東京軍（国民新聞）
大阪タイガース（阪神電鉄）
阪急軍（阪急電鉄）
東京セネタース（西武鉄道）

つまり、新聞社と鉄道会社が会社として勢いがあったということだ。二〇二〇年代の状況とはやはり違うことがわかるだろう。

たとえば、鉄道会社がプロ野球のオーナー企業を占めていたのは戦後間もない一九五〇年代のことで、近鉄、阪急、西鉄、南海、阪神、国鉄と六社あった。

人や物資を移動させるのに欠かせないのが鉄道であり、勢いがあったことは想像に難くない。

その後、映画が流行《はや》った一九五〇年代には大映、東映、松竹などがオーナー企業だった時代もある。北海道日本ハムファイターズの前身、東映フライヤーズのファンだった方もおられるかもしれない。

しかし、車社会が到来し、鉄道への需要が減ってくると、鉄道会社がオーナー企業であることが重荷になってくる。

それでも、毎年数億円の赤字を抱えながらもオーナー企業であり続けたのは、宣伝効果が大きかったからだ。球団の赤字を親会社が補填《ほてん》しながら経営していたのである。

しかし、それにも限界がきた。

一九八八（昭和六三）年にダイエーが南海から、オリックスが阪急から球団を譲渡されたのは、その経営がもはや限界であったからである。

このように見てくると、プロ野球のオーナー企業と日本経済の状況とは確実にリンクしていることがわかるのだ。

将棋の「記録係」はいったい誰？日給はいくら？

圧倒的な強さを誇る藤井聡太七冠（二〇二三年六月末現在）の存在で、ここ数年、将棋ブームが続いている。

雑誌に特集されたり、テレビニュースでは対局の様子が必ずといっていいほど流されている。藤井七冠が登場するまではあまり見られなかった光景だ。

棋界のトップ同士が火花を散らして行う対局はネット中継で観ることが可能だが、視聴者よりも間近で対局を見ている人がいる。

「記録係」だ。

記録係はどのような人がなるのだろう。

たとえば、竜王戦では、主にプロを目指している「奨励会《しょうれいかい》」の若者が務める。

奨励会は正式名称を「新進棋士奨励会」といい、三段から六級までで構成されている。

規定の成績をあげると昇段・昇級し、三段になると東西を合わせてのリーグ戦を半年単位で行い、上位二名が四段に昇段し、正式な棋士となる。

そんな、プロに入る前の若者が、プロが指す対局を間近で学べるのだから、記録係はさぞかし人気が高いのだろうと思いきや、最近は人気がなくなってきているという。

それは、ネットで中継することがあたりまえとなっている昨今の事情と無関係ではない。わざわざ会場へ足を運び、長時間拘束されるよりも、家でじっくりと観戦している方が楽なのは確かにわかる。

また、記録係の日給が六〇〇〇円から一万円（『将棋の渡辺くん』伊奈めぐみ〔講談社〕）とやや安いのも、記録係になりたがらない若者が多い理由かもしれない。

とはいえ、トップ棋士の戦術を目の前で見られるという特権はやはり捨てがたいものがあるようで、早い者勝ちで早々に埋まってしまう対局もあるそうだ。

トップ棋士と同じ時間で指し手を考えることによって得られるものは多いのである。

日本に帰還したら逮捕される？「義勇兵」の月給、実は四〇万円！

二〇二二年二月にロシアがウクライナに侵攻してから一年半以上。いまだ、収束される気配はない（二〇二三年六月末現在）。

このウクライナ侵攻において注目される存在が「義勇兵《ぎゆうへい》」だ。

義勇兵は志願兵とも呼ばれる。国家が兵役を課す「徴兵」によらず、自分の意志に基づいて軍に参加する人のことである。

また、利益を求めて軍に参加する人を「傭兵《ようへい》」と呼ぶこともあるが、こちらは義勇兵や志願兵よりも否定的なニュアンスを含み、軍への参加の主な理由が金銭である場合に使われることが多い。

隠された部分が多い義勇兵だが、月給は最前線で戦う人で約四〇万円といわれる。最前線の兵士をサポートする後方勤務だと約三万円だというが、給与体系は義勇兵であっても正規軍であっても同じらしい。

だが、ウクライナのために命を賭けて戦う彼らであっても、日本に帰ってきてから讃えられる存在になることは難しいだろう。

二〇二三年六月末現在、外務省の「海外安全情報」において、ウクライナの危険度はレベル四。全土にわたり、退避しなくてはいけないのだ。渡航も控えるよう注意喚起している。日本政府も日本人の義勇兵の存在をキャッチしているようで、場合によってはパスポートを強制的に返納させる措置を取らないとも限らない。

いったん目をつけられれば、日本への帰国後、パスポートを没収され、最悪逮捕される場合もあるらしい。

それは、志願兵としての渡航が「私戦予備罪」にあたりかねないとの解釈によるものだが、学問上、解釈が固まっていないのが実情のようで、罪に問うことは難しいようである。

なお、日本政府関係者によって、ウクライナ東部の戦闘で二十代の日本人義勇兵一人が二〇二二（令和四）年一一月九日に死亡したことが確認されている。

なぜ「うまい棒」には穴があいているのか？

一日で二〇〇万本売れているといわれる「うまい棒」。

一九七九（昭和五四）年の発売以来、約四二年にわたり、一本一〇円（税抜）という価格にこだわってきたが、二〇二二（令和四）年四月一日、昨今の物価上昇にともない、ついに値上がりした。二円あがって一二円（税抜）になったのだ。

しかし、令和の時代になっても一本一二円の駄菓子が流通しているということ自体が驚きだ。これからもなくならずにいてほしいと多くの人が願うのではないだろうか。

うまい棒はよくよく見ると、真ん中に穴があいているのだが、お気づきだろうか。

これは、今まで一本一〇円の価格を守るための、いわば「コスト削減」の企業努力なのだろうか？

実は、この穴は、コストのためではない。

サクサクッと美味しく食べてもらうための工夫なのである。

また、穴があることによって衝撃から守られ、輸送中に折れることがないようにするためでもあるという。

考えてみれば、穴をあける商品を作る方がコストがかかってしまう。それでも、サクッと味わってもらいたいため、穴があけられているのであった。

ちなみに、うまい棒のラインナップの中で、一つだけ「サクッ」よりも「カリッ」を目指した商品がある。

「たこ焼き味」だ。

これは、ソースを二度焼きしているからで、こだわり抜いた製法のためである。

現在のラインナップは、とんかつソース味、サラミ味、チーズ味、テリヤキバーガー味、コーンポタージュ味、やさいサラダ味、めんたいこ味、たこ焼き味、エビマヨネーズ味、牛タン塩味、納豆味、シュガーラスク味、やきとり味、のり塩味、チョコレート味など。

シュガーラスク味はラスクの食感にこだわり、穴を小さくした特別製法となっている。

卓球で必ず相手に一点を取らせる〝暗黙のルール〟とは？

日本国内において、多くの人々が高い関心を寄せるスポーツの一つ、卓球。

張本智和選手、丹羽孝希選手、伊藤美誠選手、平野美宇選手、早田ひな選手など、「現役選手名を挙げよ」といわれれば、これらの選手の名前が挙がることだろう（二〇二三年六月末現在）。

卓球は一ゲーム一一点制で行われるが、〝暗黙のルール〟が存在していた。一〇対〇でリードしていた場合、その選手は意図的に相手に一点を与えなければならないのだ。わざとサーブをミスしたり、レシーブをネットに引っ掛けたりして、相手に得点させるのである。

なぜ、このようなスポーツマンシップに反するような行為が生まれたのか？

有力な説は、二〇〇〇年代に入ってから、一ゲームが二一点制から一一点制になったときに、卓球界をリードする中国のスーパーリーグの選手たちに対して「一一対〇で相手を打ちのめすのは可哀想」や「礼儀を欠いている」との批判が上がり、生まれたといわれている。

「完封すれば、相手選手のメンツがつぶれる」というわけだ。

かつては「イギリス生まれの紳士的なスポーツだから、相手に一点を与える習慣が生まれた」とする説もあったが、それは違う。

ここ二〇年ほどで誕生した〝暗黙のルール〟なのである。

テレビなどで取り上げられていた習慣なのでご存じの方もいらっしゃるかもしれないが、しかし、である。

調べてみると、実はこの行為はすでに〝暗黙のルール〟としては残っていないようなのだ。

東京オリンピックという大きな大会においても、一点も奪えずに終わったセットは数多くあったし、何よりも、この習慣がはじまった中国の選手同士のゲームにおいても完封のゲームは見られるようになっている。

これはどういうことなのか？

もう、「相手に一点を取らせる」という〝暗黙のルール〟は存在しない、ということだ。

卓球コラムニストの伊藤条太氏によると、二〇一九年四月に行われた世界卓球選手権大会ブダペスト大会（個人戦）において決定的なことが起こったのだという。

それは、同大会において、中国の劉詩雯《りゅうしぶん》選手が同じ中国の丁寧《ていねい》選手、陳夢《ちんむ》選手に対して二試合連続で一一対〇をやってのけたのだった。しかも、いずれもゲームカウント二対二で迎えた第五ゲームでの出来事であった。

伊藤氏は、試合後に劉選手が「大会前に劉国梁《りゅうこくりょう》・中国卓球協会会長から選手たちに一〇対〇になっても全力でプレーするよう指示があった」と語ったと伝えている（「REALSPORTS」記事より）。

この事実をもって、中国人が生んだ〝暗黙のルール〟は中国人によって失われることになったのである。

欧米ではお灸のことを「MOXA（モグサ）」という？

二〇〇〇年以上前の古代中国で生まれたとされる「お灸《きゅう》」。

ユネスコの「世界記憶遺産」に選定されている中国最古の医学書『黄帝内経《こうていだいけい》』（紀元前二〇〇年頃～紀元二二〇年頃に編纂）にもお灸についての記述がある。

日本に中国からお灸が輸入されたのは仏教の伝来と無関係ではなく、その後、貴族や庶民のあいだに広まっていった。

お灸はその後、日本を経由して欧米へ伝わっていったが、欧米でお灸のことをなんと呼んでいるのか、ご存じだろうか。

正解は「MOXA」である。

お灸の原料である「もぐさ」がそのまま英語になっているのが面白い。なお、もぐさの語源は「燃える草」にあるというのも興味深い。

日本からヨーロッパにお灸を含む鍼灸《しんきゅう》の医療法が伝わったのは、江戸時代のこと。

一六三〇年代、江戸幕府は「海禁政策」を打ち出して国内治安を安定化し、外国との紛争を避けようとしたが、完全に外国との交渉を絶ったわけではなかった。

なかでも、長崎の出島商館を通じて西洋との交流は続き、灸術もこの流れのなかでヨーロッパに伝わったらしい。

九州大学名誉教授のヴォルフガング・ミヒェル氏によると、お灸は「火のボタン（botoes de fogo）」と呼ばれ、一六世紀に紹介されたという。

一六七四（延宝二）年に刊行されたバタビア（インドネシアの首都ジャカルタのオランダ領時代の呼称）の牧師の著書によって足痛風の治療薬の名前が「Moxa」だったという（「近世ヨーロッパに伝えられた日本の鍼灸」平成二二年度（社）全日本鍼灸学会第三〇回近畿

支部学術集会講演要旨集)。

お灸や「Moxa」は、その後、オランダ、ドイツ、イギリス、フランスの医学界において本格的に議論されるようになった。

これより考えると、ヨーロッパでお灸が「MOXA」と呼ばれるようになったのは一七世紀以来と考えることも可能だ。ヨーロッパでの「MOXA」の歴史は想像していたよりも長いもののようである。

「かくとだに えやは伊吹《いぶき》の さしも草 さしも知らじな 燃ゆる思ひを」

藤原実方朝臣《ふじわらのさねかたあそん》の歌である。

意味は、

「こんなにも思っているのに、伊吹山のさしも草のように燃える私の思いがそれほどまでに強いとは、あなたは知らないでしょう」

である。

伊吹山(滋賀県)は、古来よりよもぎをはじめとする薬草の名産地。

思いを寄せる女性への恋心を、熱く燃えるお灸のもぐさに喩《たと》えて詠んでいる。

外国の文学でも、恋心を「MOXA」に喩えた表現がきっとあるのではないだろうか。

「あの現象」の本当の名前、正確にいえますか？

今から数十年前、いっとき流行《はや》った現象名がある。

「青木まりこ現象」だ。

人物名が付いているなんとも奇妙な現象名だが、これは「書店に行くと、便意をもよおす」現象に付けられた名前である。

一九八五（昭和六〇）年、雑誌『本の雑誌』（本の雑誌社）に「書店に行くと便意をもよおして困る」というような内容の投稿が届いた。その投稿を書いた人が青木まりこさんだったのだ。当時、青木さんは二九歳だった。

しかし、この投稿の悩みは多くの共感を呼び、なんと海を超えて海外にまで伝播《でんぱ》していった。英語圏では「Mariko Aoki phenomenon」として知られている。

なぜ、本屋や図書館へ行くとトイレに行きたくなるのか？

その明確な理由はわかっていないが、本屋や図書館のような静かな場所に行くと腸が自律的な反応を起こし、便意をもよおすという説や、紙やインクが便意を誘発しているのではないかとする説など、様々ある。
さて、世の中には「青木まりこ現象」のように、一言でいえないような「あの現象」がたくさんある。そして、それらの現象にはちゃんと名前が付いているから面白い。
以下、いくつか挙げてみよう。

【シミュラクラ現象】

何かが三点集まっていると顔に見える現象。
人は他人や動物に出会った場合、すばやくそれが敵か味方か判断する能力が備わっている。いわば防衛本能の一つだ。
心霊写真のほとんども、このシミュラクラ現象で説明できるとされている。

【TOT現象】

自分が、あることがらや語を知っているにもかかわらず、思い出すことに失敗する現象。
「TOT」とは「tip of the tongue」の意味で、「舌端現象」と訳される。
高齢者の方が若者よりもTOT現象が起こりやすいとされ、加齢により語の検索機能がうまく働くなることによるものとされる。

【イヤーワーム（ディラン現象）】

勉強中などに、不意に知っている曲が頭のなかに浮かんできて耳から離れなくなる現象。

シンプルな曲の方がイヤーワームを引き起こしやすいとされ、「ディラン現象」のディランとはノーベル賞を受賞したボブ・ディランのこと。

彼の代表曲「Blowin' in the Wind（風に吹かれて）」が誰でも口ずさめるほどの曲であることに由来するという。

また、マーク・トゥエインもイヤーワームを経験したことがあるそうで、『トム・ソーヤーの冒険』のなかで言及している。

【ゲシュタルト崩壊】

図形などをちらっと見たときにはそれが何であるか知覚できるのに、そのままずっと見ていると全体的な印象が消失し、わからなくなってしまう現象。

画数の多い漢字をじっと見ていると、ゲシュタルト崩壊が起きやすい。

持続的に見ることによって、全体を把握する能力が低下し、起こるという説がある。

【ジャネの法則】

大人になると、一日が早く感じられる現象。一九世紀のフランスの哲学者ポール・ジャネが発案した。

たとえば、五〇歳の人にとって一年は五〇分の一だが、一〇歳の人にとって一年は一〇分の一になる。

これより、「生涯のある時期における時間の心理的な長さは、年齢に反比例する」という法則が生み出されるという。

つまり、生きてきた年数によって、一年の長さが相対的にますます短くなることによって、時間が早く感じられるようになるという。

「給料の前借り」は、実は法律で認められている？

「今月は飲み会が多くて、友だちが何人も結婚した。出費がかさんで大変だ。給料、前借りできないかなぁ？」

実は、「給料の前借り」は、法律で認められている。

労働基準法第二五条には、非常時（出産、結婚、病気、災害など）について、給料日前でも給料を払うように定められているのである。

しかし、この条文で定めているのは、例文にあるような〝非・非常時〟は例外で、しかも「すでに行った労働」に対してのみ。「これから行う予定の労働」に対して給料を払うように求めているわけではないのだ。

つまり、給料の前借りは法律に定められてはいるが、月の途中で、その月に支払われるはずのサラリーを丸々前借りすることはできないというわけだ。

では、会社が許してくれれば、働いていない分の給料も前借りできるのだろうか？

答えは、「難しい」といえるだろう。

もしも、まだ働いていない分の前借りに会社が応じてしまうと、会社は「前払いしているのだから、その分はきっちりと働いてもらう」という立場になり、労働基準法第五条で禁じられている「強制労働」に問われる恐れがある。

良かれと思って会社が社員の求めに応じてしまうと、会社が危うい立場に置かれてしまうのだ。

また、いくら労働基準法で定められているとはいえ、安易に給料の前借りをしてしまうと、会社内での信用は確実に落ちるに違いない。

したがって、先に述べた非常時に備え、日頃からお金を貯めておくのがもっとも良い行いといえる。

そもそも「海底ケーブル」ってどうやって敷いている？

海底に敷設《ふせつ》するために作られた電気通信用あるいは電力送電用のケーブルを「海底ケーブル」と呼ぶ。

海底ケーブルのうち、後者の電力送電用のものはわずかで、ほとんどが電気通信用だ。したがって、この項でも電気通信用の海底ケーブルについて述べることにする。

現在、インターネット通信が盛んに行われているが、実は国際通信の約九九パーセントは海底ケーブルを使って行われており、通信衛星による国際通信は一パーセントにも満たないのだ（山崎文明氏〈情報安全保障研究所主席研究員〉による）。

では、私たちの生活を支えてくれている海底ケーブルは、どのように敷設されているのだろうか？

海底ケーブルは「光ファイバー・ケーブル」と言い換えられる。このケーブルは、光ファイバーという髪の毛ぐらいの細さの透明な線を束ねて作られている。このケーブルを敷設船に乗せ、約七ノット（時速約一三キロ）の速さで船を進めながら海底に沈めていく。

もしも接続先との距離が遠い場合は、お互いの国から船を出発させ、出会った海上でそれぞれの敷いてきたケーブルをつなぎ合わせるというから面白い。

ＫＤＤＩの福島義彦氏（ＫＤＤＩネットワーク技術本部 ケーブル建設保守グループ課

長）によると、海底ケーブルの敷設は大がかりな作業のため、事前に綿密な計画を立てることが不可欠で、海図を見て敷設するルートを決定すると、海洋調査で海底の様子を調べ、敷設に必要なケーブルの長さやスケジュールを割り出すという（参考：日経クロステック「海底ケーブルはどうやって敷くの？」）。

深海の底にケーブルを敷くことを想像するとなんとなくわかると思うが、ケーブルが切れると修理するのが大変だ。そこで、ケーブルは海の底にきっちり沿わせるように敷き、その後、無人の埋設ロボットで地中一メートルほどまで埋め込んで固定するのである。

また、水深が浅いところでは、船舶や魚網に引っ掛かったり、波で揺られることが多いので、ケーブルの外側を鋼鉄線で補強した直径六センチのケーブルを使用し、逆に深海の場合は海流の動きがほとんどないことから、直径二・二センチの無外装ケーブルを用いている。

ただ、これほど慎重に敷設されている海底ケーブルでも、故障する場合はもちろんある。そんなときは二四時間体制での監視ですぐさま発見され、海底中継器を用いてどこまで信号がきているのかを確認し、敷設船で現地に向かい、海底作業ロボットを使ってケーブルを引き揚げ、接続するのだ。

ちなみに、世界初の海底ケーブルが敷設されたのは、一八五一年のこと。なんと、今から一七〇年以上も前だ。当時の海底ケーブルはモールス信号などの電信用だった。

日本初の海底ケーブルはそれより二〇年後の一八七一年のことで、デンマークによって長崎・上海間、上海・ウラジオストック間が敷設されたことによる。

なぜ枝豆には「産毛」がたくさん生えているのか？

夏はやっぱり、枝豆だ。

初夏になると、野菜の直売所には朝採《あさど》れの枝豆が並んでいる。この場合、枝豆はまだ袋詰めされておらず、枝に付いたままになっている。

少々面倒臭いが、枝から一つずつ取ってすぐに塩茹でした枝豆の美味しさは格別だ。ぜひ、枝のままの枝豆を手にとり、茹でていただきたい。

枝豆は新鮮であればあるほど、産毛《うぶげ》が目立つ。

枝豆の産毛は、どのような役目を果たしているのだろう？

枝豆に産毛がたくさん生えている理由の一つは「虫から身を守るため」だ。

人間はもちろん、虫にとっても枝豆は美味しい食べ物。糖度が高いため、虫から狙われやすい野菜なのだ。

そこで、産毛の登場である。

産毛があることによって、虫は、さやの中の豆を攻めにくくなるのだ。

もう一つの理由が、気候との関連。

枝豆は世界の様々な地域で栽培されているが、産毛があることによって、乾燥している地域では夜露を蓄える際に役立ち、雨の多い地域では雨水をたくさん吸収することを防いでくれる。

つまり、枝豆に必要な水分量を産毛が調節してくれているのである。

雨が少ない地域でも多い地域でも、あの絶妙な長さと密度の産毛がちょうどいい〝緩《かん》衝剤《しょうざい》〟になっているのだ。

人に話したくなる！
最強の雑学

読めるとうれしい！
滅多に出会わない「難読漢字」

日本語の漢字には「なんでこの字を書いて○○と読むの!?」とびっくりするようなものが少なくない。

この項では、そんな「難読漢字」を一〇個集めてみた。

ぜひ、楽しみながら解いていただきたい。

①「夜直」（意味：夜通し。一晩中。「やちょく」とも読む［この場合の意味は「夜の当直」］）

②「遊む」（意味：興にのって事を進める）

③「霍加皮」（意味：キリン科の動物で、長い舌で木の葉をたぐり寄せて食べる。お尻と足にシマウマのような縞模様がある）

④「剰え」（意味：それればかりか。その上。あろうことか）

⑤「颪」（意味：山など、高いところから吹き下ろしてくる風）

⑥「諄い」（意味：話がしつこい。色合いや模様がどぎつい）

⑦「厄瓜多」（意味：赤道直下に位置する共和国）
⑧「阿る」（意味：気に入られようとする。へつらう）
⑨「勘解由小路」（意味：とても珍しい、漢字五文字で成り立っている苗字）
⑩「鎧球」（意味：鎧のようなものを着て、球を扱うスポーツ）

［答え］
①よたた（よただ）
②すさむ
③オカピ
④あまつさえ
⑤おろし
⑥くどい
⑦エクアドル
⑧おもねる
⑨かでのこうじ
⑩アメリカンフットボール

「柚子こしょう」にこしょうは入っていないって、知ってた？

二〇一〇年前後から全国的にその名が知られるようになった「柚子《ゆず》こしょう」。刺身から鍋物まで幅広く使え、口に入れた瞬間に鼻に抜ける清涼感あふれる辛みが特徴だ。冷蔵庫に常備している方も少なくないだろう。

この、柚子こしょう。

名称こそ「こしょう」だが、いわゆる「こしょう（pepper）」が入っているわけではない。柚子の皮と、種なしの青唐辛子をすりつぶして、塩などで味を整えて作られたものだ。

これより考えると、柚子こしょうの「こしょう」は唐辛子と同義であるといえる。

柚子こしょうは九州各地、福岡県、大分県日田《ひた》市などが発祥の地とされているが、有力な説は三番目の日田市である。

この地では古くから柚子を栽培しており、それに付随して柚子こしょうが生まれたようである。

なお、柚子こしょうは、正式には「ゆずごしょう」と読む。「こしょう」ではない。「ごしょう」だ。

これは、右記のように発祥の地とされている九州では圧倒的に「ゆずごしょう」と呼ばれていることによる。

全国的に「柚子こしょう」が広まるなかで、そのままの読みで「ゆずこしょう」と読まれるようになっていったと考えられる。

「入賞」は八位まで、一〇位じゃなぜダメなのか？

オリンピックや世界選手権など、スポーツの競技会では八位までが〝入賞〟とされることがほとんどだ。

なぜ、八位までが称《たた》えられるのだろう。九位と一〇位は、ダメなのだろうか？

この理由については、陸上の競技場や水泳のプールのレーンが八つ（実際は九レーン）であることから説明されることが多い。

つまり、決勝に残ることができた八名のファイナリストを称えることから、八位までを入賞としたということだ。

これは、トラック競技に限らず、マラソン、走り高跳び、砲丸投げ、槍投げなど、そのほかの陸上競技にもあてはまる。

「オリンピック憲章（Olympic Charter）一九九六年版」（(財)日本オリンピック委員会）の「70 表彰式・メダルと賞状の授与」には以下のように記されている（現在、この項目は、最新の「二〇二一年版」とは異なる）。

「2　メダルおよび賞状

2・1　個人種目では、優勝者には銀台金張り（またはメッキ）のメダルと賞状が授与される。第2位には銀メダルと賞状、第3位には銅メダルと賞状が授与される。メダルには、受賞の対象となった競技および種目が明記され、取り外し可能な鎖またはリボンにとりつけ、競技者の首にかけられるようになっていなければならない。」

そして、このように続く。

「第4位、5位、6位、7位、8位の選手にも賞状は授与されるが、メダルは授与されない。」

これより考えると、八位までが公に認められた順位であるということになる。

近代オリンピックのはじまりは一八九六年のアテネ大会だから、世界選手権などのトップの大会の入賞もそれに倣《なら》ったのかもしれない。

数字の「八」は、日本においては「末広がり」といわれ、縁起が良いとされる。お隣の中国でも、八の発音が「発」と似ていることから幸運な数字とみなされているようだ。

しかし、ヨーロッパの主要国では八よりも七の方がラッキーナンバーとみなされることが多いし、八本足を持つタコが〝悪魔の化身〟として恐れられる歴史を持つことはよく知られている。

陸上短距離は八人で走るのに、九レーンあるのはどうして？

では、続いて「レーン」の話。

二〇二一（令和三）年に開かれた東京オリンピックの男子リレー決勝における日本チームは、衝撃の結末に見舞われた。

第一走者から第二走者にバトンがつながらなかったのだ。ギリギリのバトンパスを攻めた結果であったが、惜しいことであった。

新国立競技場のトラックを見て、ふと疑問に思うことがある。

陸上競技の短距離やリレーは一レースで八選手以下、八か国以下で行われるが、新国立競技場には「九レーン」が設けられているのだ。

特例として九人で走るレースがあるのだろうか？

「日本陸上競技連盟競技規則」の「第3部 トラック競技」には「本連盟が主催、共催する競技会では、レーンの数は8レーン以上が必要である。〔国際〕第1条1（a）（b）（c）と（f）による国際競技会では、最小8レーンのトラックでなければならない。」（第160条トラックの計測）とある。

少なくとも八レーンは確保されなければならないが、「九レーン必要」とは明示されていない。

では、なぜ実際に九レーンがあるのか？

九レーンを設けることには、二つのメリットがあるという。

一つは、準決勝で八位通過が同じタイムで二人いた場合、二人とも決勝に進ませ、九人で決勝のレースを行うことができる。

世界陸上やオリンピックのレースを見るとわかるが、短距離選手は一〇〇分の一秒を削るために日々努力を重ねている。

しかし、世界のトップ選手になると、記録はほぼ似通ってくる。つまり、同タイムになりやすいのだ。

二つ目は、各レーンの消耗具合の違いである。

一般的な競技場のトラックは全天候舗装と呼ばれる特殊なゴム製のトラックだが、中・長距離のレースは途中から一レーンを走る選手が多くなる。

つまり、レーンのなかでは一レーンが摩耗が激しく、走りにくいのだ。

また、一レーンの内側に縁石があるのも選手にとっては不利に働く。このような理由により、二レーンから九レーンを使ってレースを行うことが多々あるのである。

冒頭に記した東京オリンピックの男子リレーが行われる前、朝原宣治氏（北京オリンピック男子四〇〇メートルリレー銀メダリスト）は「リレー侍、走りやすい『9レーン』」と題して、九レーンのメリットを解説している（『サンスポ』二〇二一年八月六日付）。

朝原氏によると「インコースだと1、3走はカーブがきつくてスピードを出しにくいが、9レーンはカーブが緩い」という。外のレーンになればなるほどカーブが緩くなり、体に負荷がかからなくなるということのようである。

何と、咳一回分の消費カロリーは「二キロカロリー」！

私たちの日常生活のすべてに関わってくるのが「カロリー」だ。

カロリーとは、熱量（エネルギー）を表す単位の一つで、食品面では主に「キロカロリー（kcal）」が使われている。

エネルギーはヒトが体を動かすために必要な〝活動の源〟で、食品のなかでエネルギーとして主に利用できるのは、炭水化物（ご飯、パン、うどんなど）、タンパク質（肉、卵、魚など）、脂質（油、バター、ナッツなど）の三つ。

一キロカロリーは「水一リットルを一気圧のもとで一℃上昇させるのに必要な熱量」と定義されている。

この熱量を、体重五五キロの人が三〇分行う際の消費カロリーとして考えてみると、以下のようになる。
・水泳のクロール（またはバタフライ）：約二九〇キロカロリー
・ボクシングのスパーリング：約二三〇キロカロリー
・テニス：約二〇〇キロカロリー
スポーツに取り組めばある程度のカロリーが消費でき、健康にも良いと思えるが、実は生理現象もカロリー消費と無縁ではない。

たとえば、咳。

実は、咳を一回しただけで二キロカロリーも消費してしまうといわれている。

一回でたった二キロカロリーと思わないでいただきたい。

もしも重度の風邪を引いて、一分間で二回、咳をするとしよう。すると、消費カロリーはどうなるか。

二回×六〇分×二キロカロリー＝二四〇カロリー

つまり、一時間でクロールを約三〇分泳いだのと近い運動量になってしまうのだ。

また、「笑う」という生理現象の消費カロリーも面白い。

一〇〜一五分、声に出して笑うと、一〇〜四〇キロカロリーが消費されるというのだ。

声を出して笑うと健康に良いといわれることがあるが、カロリー面から見ると、それは本当のことのように思える。

日本の世の中に「カロリー」という言葉が広まったのはそれほど昔のことではなく、一九七〇（昭和四五）年頃のこと。

歌手の弘田三枝子さんが著者となった『絶対やせる ミコのカロリーＢＯＯＫ』（集団形星）という本がきっかけとされる。

この本は間違いなく「ダイエット本の先駆け」である。

当時としては異例の一五〇万部を超えるベストセラーとなり、同時にカロリーという言葉が一般的になったようである。

ちなみに、よく知られている話だが、「切手を舐めると二キロカロリー摂取できる」。切手の裏にぬられた人工甘味料に一枚で二キロカロリー分の熱量があるらしい。

アメリカのバッティングセンターはなぜか〝本気モード〟

野球をやったことがない人でも手軽にバッティングを楽しむことができる施設、「バッティングセンター」。

日本ではじめて開設されたバッティングセンターは「東京楽天地」（東京都墨田区）という総合娯楽施設のビルの屋上にあった「楽天地バッティングセンター」である。

ときは一九六五（昭和四〇）年一二月二八日のことで、ピッチングマシンの製造販売をはじめた神戸のホーマー産業が手掛けた。

同社は現在でも存続しており、ホームページの「沿革」欄には「東京楽天地に米国製ピッチングマシン『ダットレー』を納入。バッティングセンターブームの端緒《たんしょ》となる。」とある。

一九六五年といえば、読売ジャイアンツのいわゆる「V9時代」が幕を開けた年でもある。

Ｖ９時代がはじまる直前には子どもの好きなものとして「巨人・大鵬《たいほう》・卵焼き」という言葉が大流行していた。野球人気が社会現象にまでなった時期であった。

そのため、全国各地にバッティングセンターが林立していったのだった。

日本ではいまだに根強い人気を誇るバッティングセンターだが、もちろん「野球の発祥地」アメリカにもある。

ただし、アメリカではバッティングセンターとはいわない。

バッティングセンターは和製英語で、アメリカでは「Batting Cage」と呼ぶ。

チェーン展開しているバッティングセンターがいくつかあり、ケージのなかでは必ずヘルメットを着用しないといけないところもあるし、バットを持参しなければならないところもある。

ピッチングマシンから一ゲームで出てくる球数もまちまちで、一五球で二ドル、三〇球で二ドルなどが相場のようだ（一ゲームで九球しか出ないところもある）。

なお、日本の場合は、二〇球で三〇〇円、二五球で三〇〇円などとなっているので、アメリカとそれほど変わらない。

また、日本のバッティングセンターはピッチングマシンとバッターボックスの距離が本来のルールである一八・四四メートルにほぼ準じているのに対し、アメリカの場合はその限りでないため、距離が近く、想像以上に球が速い。

速さは「Slow」「Medium」「Fast」「Very Fast」にわかれ、「Very Fast」でおよそ一一〇キロほどだが、体感速度は一三〇～一五〇キロにもなる。

そのため、日本のバッティングセンターに慣れた人にとってはタイミングが取りにくく、打つのが難しいようである。

第二次世界大戦中、ポーランド軍の弾薬輸送を担った動物とは？

第二次世界大戦中、ポーランド軍には〝常識外れの兵士〟がいた。「ヴォイテク」という名前の、クマだ。

ヴォイテクはポーランドの兵士たちと行動をともにし、弾薬を運んだり、兵士の心を癒《いや》す存在になった。

ポーランド軍とヴォイテクの出会いは、戦争中のこと。

パレスチナの山岳地帯で、二人のポーランド兵がイラン人の少年と出会った。少年は袋のなかにある動物を入れていたのだが、それがヴォイテクだった。

子グマに関心を抱いた二人の兵士は、チョコレートやスイスナイフとその子グマを交換し、軍に持ち帰ることにする。

名前は「ヴォイテク」とした。ポーランド語で「戦士」を意味する「wojownik」からとったという。

子グマのヴォイテクが軍内で人気者になるのに時間はかからなかった。人が人を殺す戦争において、無垢《むく》な心を持つ動物は、兵士たちの心を人間のものに保つために必要だったからだ。

小さいヴォイテクは、はじめ、うまくエサを食べることができなかったが、ウォッカのびんに薄めたコンデンスミルクを入れて与えるなどし、徐々に食べられるようになった。のちにヴォイテクはアルコール（特にビール）を好むようになったが、それはこのような幼少期の体験によるものとされている。

そのようななか、ヴォイテクに試練が訪れる。

ヴォイテクがいた部隊がエジプトにいたとき、モンテ・カッシーノの戦いに参戦するため、船で地中海を渡り、イタリアへ行かなければならなくなったのだ。

しかし、当時、動物を船で輸送することは禁止されていた。

そこで、ポーランド軍の兵士たちはヴォイテクに「伍長」の肩書きを与え、人として扱うことを思いつく。名簿にもそのように記載した。

だが、こんなウソは簡単に見破られてしまう。

ところが、ポーランドの第二軍団司令官はこれを許し、正式な兵士としての立場を与えられた。ヴォイテクはモンテ・カッシーノの戦いに加わることになったのだ。

兵士たちはヴォイテクに迫撃砲を運ぶための訓練を施し、やがて、足場が不安定な山道であっても、弾薬を落とすことなく見事に運んだという。ヴォイテクがトラックから弾薬を運び出すシーンは写真に収められ、今でも残されている。

第二二中隊のシンボルマークは、ヴォイテクが弾薬を運んでいる場面がモチーフとなっている。名実ともにヴォイテクがポーランド軍の兵士になった証拠であった。

第二次世界大戦後、軍にいられなくなったヴォイテクはエディンバラ動物園に引き取られ、二一年間、そこで過ごし、その後、老衰で亡くなっている。

いわれてみれば、なるほど 日本に「河」はありません！

日本の川の長さベスト三をすぐにいえるだろうか。

答えは、一位が信濃川《しなのがわ》（三六七キロ）、二位が利根川《とねがわ》（三二二キロ）、三位が石狩川《いしかりがわ》（二六八キロ）である。

石狩川は今から約一〇〇年前の一九二五（大正一四）年のデータでは三六五キロとされ、一位の信濃川にせまる勢いだったが、その後、河川の改修工事が行われ、蛇行している河道が直線化されてしまったため、約一〇〇キロも短くなってしまい、三位になってしまった。

この三つの川を見てもわかるように、日本の川の名前に「河」という文字は見られない。世界の川では「ガンジス河」「黄河《こうが》」「長江《ちょうこう》」など、川以外の表記が見られる。

これはいったいどういうことなのだろうか？

公益社団法人日本河川協会によると、「川」を「河」と表記するのは中国だけのようだ。しかも、中国でも、北部は「河」、南部は「江」と使い分けている。

また、川と河の使用方法は川の大きさにもよっており、「江」は「川」のおよそ一〇〇倍の流域面積を持ち、「河」は「川」のおよそ五〇倍の規模で使い分けされるという。

また、同協会によると、中国で「川」は「溝」を意味しており、「河」には「デコボコ」や「曲がりくねった」という意味があるらしい。つまり、中国で「河川」を直訳すると「曲がりくねった溝」ということになる。

ちなみに、世界の長い川ベスト三を挙げると、一位がナイル川（六六九五キロ）、二位がアマゾン川（六五一六キロ）、三位が長江（六三八〇キロ）となる。

「THE NORTH FACE」のロゴはなぜ三本の線なのか?

アメリカ合衆国のカリフォルニア州マリポサ郡にある「ヨセミテ国立公園」。広さは約三〇〇〇平方キロと、東京都の面積の約一・五倍に相当し、公園全体のおよそ八九パーセントが人の手が加わっていない原生林である。

このヨセミテ国立公園の代名詞ともいえるのが「ハーフドーム」だ。

氷河によって削り取られた半円形の岩山で、標高は二六九三メートル。急な斜面が続くことからかつては登頂不可能とされてきたが、一八七五年にジョージ・アンダーソンが初登頂して以来、ケーブルが張られ、世界中からクライマーが訪れるようになった。

「THE NORTH FACE（ザ・ノース・フェイス）」というアウトドアブランドがあるが、この会社の有名な三本線のロゴのモチーフこそ、ヨセミテのハーフドームだ。

三本線が絶妙な曲線を描いて、ハーフドームのような美しい姿をしている。

このロゴには、ジョージ・アンダーソンのように「困難なルートに挑戦する」というチャレンジ精神が込められている。

THE NORTH FACEという社名も、訳すと「北壁」となる。

北壁は、登山に詳しい方ならおわかりだと思うが、「難関ルート」と同義だ。

陽のあたりにくい北壁は硬い雪に覆われ、エベレストにせよアイガーにせよ、登頂するのが南壁よりもずっと難しい。

社名には「その〝北壁〟を落とすための最新の装備を我々は備えている」という意味も含まれているそうだ。

ただし、三本線はアイガー、マッターホルン、グランドジョラスを表しているそうで、ハーフドームは含まれていない。

余談だが、一九五七年に登山家のイヴォン・シュイナードが創立したアウトドアブランドの老舗「パタゴニア」のロゴのモチーフは、パタゴニア地方にあるフィッツロイ山群で、標高は三四〇五メートル。

こちらも、ハーフドームと同じく、クライマーにとっては聖地として崇《あが》められている。

スニーカーの語源は、何と「忍び歩く人」？

二〇二三（令和五）年四月、耳を疑うようなニュースが飛び込んできた。〝バスケの神様〟マイケル・ジョーダンが現役時代に着用した「エア ジョーダン13」がサザビーズのオークションで落札されたのだが、その落札額がすごかった。約二二三万ドル。

日本円でなんと約二億九九一一万円、ほぼ三億円という値段であり、複数の大手メディアによると、スニーカー史上最高額だそうだ。

このスニーカーは、ジョーダンがシカゴ・ブルズに所属した最後の一年間（通称「ラストダンス」）に着用したもので、一九九八年のＮＢＡファイナル第二戦で使用。試合直後、ジョーダンからボールパーソン（競技において道具の管理に携わる人）に贈られたものだ。

しかも、このスニーカーにはジョーダンの直筆サインが入っていた。オークションで高値を付けたのも致し方ない。

近年、投機商品のように扱われることから異常な高値を記録するようになったスニーカーだが、語源は英語の「sneak」にある。

Sneakには「こっそり入る（出る）」「忍び寄る」などの意味があり、sneakerには、靴以外では「忍び歩く人」を表すこともある。

柔らかいゴム素材でできたソールなら、確かに、音もなく、忍び寄ることができる。そんな製品の性質から「スニーカー」と呼ばれるようになったと推測できる。

スニーカーの製作は一八八〇年代半ばまでさかのぼる。

この頃、ゴム製品の加工に携わっていたアメリカの発明家チャールズ・グッドイヤーは、一八三九年、硫黄《いおう》とゴムを混ぜる実験をしている最中、ストーブの上にその混合物を落とし、そのままにしてしまう。

しかし、後日、その混合物は適度な弾力を持つゴムになっており、この性質を、シューズ本体とソールのあいだに用いて完成させたのがスニーカーの発祥といわれている。この製法は「バルカナイズ製法」と呼ばれている。

チャールズ・グッドイヤーは、有名なタイヤメーカーの「GOOD YEAR」とは資本や経営などの面でのつながりは一切ない。しかし、彼のゴム加工に対する功績を称えるため、会社名として用いられたといわれている。

日本のみならず、世界のスニーカー・メーカーとして第一に挙げられるのは、エア ジヨーダンに代表されるように、やはり「ナイキ」であろう。

ナイキは今でこそ有名だが、実はコンバース、プーマ、アディダス、オニツカ（現在のアシックス）などに比べて、会社の歴史は極めて浅い。創業は一九六四年のことである。

しかも、ナイキの創業者フィル・ナイトが頼ったのが日本の企業オニツカで、その工場を訪れたナイトが「同社の製品をアメリカで売らせてほしい」と懇願したことから歴史がはじまる。

その後、輸入代理店から製造業へとシフトしたナイキは、ジョーダンら世界的なプレーヤーと契約することで一気にブランド価値を高めることに成功し、現在の地位を築いたのであった。

なお、ナイキという社名の由来は、古代ギリシャ神話の勝利の女神「ニケ」から来ている。ニケの英語読みがナイキだ。

ニケの翼をイメージした洗練されたあのデザインを考案したのはポートランド州立大学でグラフィックデザインを専攻していたキャロライン・デビッドソンで、わずか一七時間半で仕上げた。

そして、彼女にナイキが支払ったデザイン料は、時給二ドルで換算された三五ドルに過ぎなかった。

創業一四四五年！　世界最古の企業は日本の「金剛組」！

世界には数多《あまた》の企業があるが、世界でもっとも古い企業は、実は日本にある。

大阪市四天王寺区《してんのうじ》にある「金剛組《こんごうぐみ》」だ。

創業は五七八（敏達《びだつ》天皇七）年で、聖徳太子《しょうとくたいし》の命を受けて百済《くだら》から日本へ招かれた三人の工匠《こうしょう》の一人、金剛重光《しげみつ》を金剛組初代とする。

彼らは日本最初の官寺《かんじ》（律令制下、伽藍《がらん》の造営や維持の費用を国家から受けた寺）である四天王寺の建立に携わり、重光は完成後もこの地に留まり、寺を護《まも》り続けたと伝わる。

金剛家には現在まで伝わる系図があり、歴代当主とその業績が記されているが、広げるとなんと三メートルもの長さになるというからすごい。現在の当主は四一代目という。

四天王寺は、歴史の渦に巻き込まれ、戦国時代の一五七六（天正《てんしょう》四）年には石山寺《いしやまでら》の戦いで伽藍のすべてが焼失、一六一四（慶長《けいちょう》一九）年、徳川家康《とくがわいえやす》が豊臣《とよとみ》家の滅亡をめざしてけしかけた大坂冬の陣においても焼失している。

しかし、その度に金剛組が再建を担当し、まさに四天王寺を護り続けてきたのだった。

江戸時代まで四天王寺お抱えの宮大工で、毎年決まった扶持米《ふちまい》（手当）を得ていた金剛組だったが、明治維新後に出された「神仏分離令《しんぶつぶんりれい》」によって、新たな経営の道を歩まざるを得なくなる。

その流れは、二〇〇六（平成一八）年に高松建設の出資を受け、〝新生〟金剛組として再出発することにつながるわけだが、従業員と宮大工はそのまま新しい会社に引き継がれ、現在に至っている。

東京商工リサーチによると、二〇二三（令和五）年末までに日本国内で創業一〇〇年を迎える企業は、なんと四万二九六六社もあるという。

また、創業一〇〇〇年を迎える企業も一〇～二〇社存在するといわれている。

田宮寛之氏（経済ジャーナリスト）によると、老舗《しにせ》企業には「失敗への寛容さ」「実力主義」「財テクの禁止」「本業重視」という共通点があるという（「東洋経済ONLINE」二〇二三年五月一日）。

確かに、老舗だからといって昔から受け継がれている商品やサービスを延々と続けているわけではないし、他ジャンルに進出して失敗し、撤退したという話もよく聞く。

一九二二（大正一一）年、佐々木清一が広島市横川町で、醤油類の卸しと酒の小売業「佐々木商店」を創業したことに起源を持つ「オタフクソース株式会社」。

この会社も創業一〇〇年を超える企業だが、二〇一三（平成二五）年、「佐々木家の家族憲章」を制定した。

この憲章は、〝ファミリー経営のルール〟を明確にしたもので、「親族家族といえども過度のえこひいきはしない」というルールだ。

具体的にいうと「一族の各家からの入社は一人のみ」「成果が出なければ即刻異動」というものである。

佐々木家の八家による同族経営で、非上場。右記の「実力主義」を地で行く企業だ。この憲章によって一族以外の社員のモチベーションは向上し、やる気が失われることもないのだろう。

千秋楽とは、そもそも雅楽で最後に演奏される曲名だった

「この相撲一番にて千秋楽《せんしゅうらく》～」

一五日間続けられた大相撲の最後の一番、行司が高らかに言葉を放つ。

この「千秋楽」。

大相撲だけではなく、今では歌舞伎や芝居、演劇など、一定の期間にわたって続けられた興行の最終日を指す言葉だが、そもそもなんのことをいっているのだろうか？

諸説あるようだが、法要や法会《ほうえ》などの最後に演奏された雅楽《ががく》の「千秋楽」という曲が由来である、という説が有力だ。

「千秋楽」は平安時代の後三条《ごさんじょう》天皇が秋の収穫を祝う「大嘗会《だいじょうえ》」のために作らせた曲で、中国の皇帝の誕生日である「千秋楽節」にちなむという。

歌舞伎では「千秋楽」ではなく「千穐楽」とも書く。

これは、江戸時代の芝居小屋が木造だったため、火事で焼失することが多かったことに関係する。つまり、「秋」の字に「火」が入っていることを嫌ったのだ。

なお、大相撲の千秋楽では、優勝力士の表彰式のあと、番付に四股名《しこな》がまだ載っていない新人力士が土俵に上がって「出世力士手打式」を行い、その後、「神送りの儀式」が行われる。

この「神送りの儀式」においては、なんと、行司を〝胴上げ〟する。御幣《ごへい》を持った行司を胴上げすることによって、初日前に土俵に降ろした神様を天に送り返すのだ。

この様子は日本相撲協会の公式ツイッターでも投稿されている。

まだ髷《まげ》を結っていない若い力士が行司を軽々と胴上げする様子はとてもシュールだが、相撲と神様が結びついている一端を垣間見ることができる。

ホテルのベッドのシーツが〝キッツキツ〟なのはなぜ？

旅行先や出張先でホテルに入る。洋室の場合は、そこにはベッドがしつらえられている。と、目に入るのは、ベッドの清潔さだ。

そして、こうも思う。

「なんで、シーツがベッドとマットレスのあいだにきっちりと挟み込まれているのだろう？」

このような状態のとき、寝るときにはがしてからベッドに入るのか、シーツが挟まれてキッツキツになった状態で体を滑り込ませるのか、結構悩む。

どちらが正解なのだろうか？

あるホテルの説明によると、はがして使うのとそのまま使うのと、どちらでも良いらしい。つまり、宿泊客が自由にすれば良いということだ。

では、なぜこのようにしているのかといえば、ズバリ、「見栄えを良くするため」にほかならない。

掛け布団とベッドのあいだにシーツを一枚挟み込むベッドメイクは「スプレッドスタイル」と呼ばれているもので、頻繁に掛け布団を洗うわけにはいかないので、お客様のためを思ってシーツを一枚挟み込んでいるのだという。

ただ、最近ではスプレッドスタイルではなく「デュベスタイル」という掛け布団をすっぽりとシーツで覆《おお》うものを採用しているホテルも多い。

これならば、わざわざシーツをベッドとマットレスのあいだに挟み込む必要もないし、キッツキツ問題は解決だ。

なお、デュベとはフランス語で「羽毛布団」を意味している。

そもそも、バナナはなぜ黒くなってしまうの？

バナナブームは、何年かに一度、やってくる。

テレビのワイドショーなどで「バナナが健康に良い！」といった特集が組まれれば、その日以降、スーパーの店頭からバナナは消えることになる。

さて、そんなバナナだが、気付いたら黒くなっていたという経験がある方は少なくないだろう。

そもそも、バナナはなぜ黒くなってしまうのだろうか？

一つは、バナナがデリケートな果物だから。軽く何かにあてただけで、その部分だけ黒ずんでしまう。

温度の変化に弱いのも、バナナの特徴だ。

バナナは熱帯で採れる果物で、最適な温度は一五〜二〇度といわれている。直射日光があたらない、風通しの良い場所に置いておこう。

また、切ったバナナは黒くなる一方だ。これは、バナナに含まれているポリフェノールと酵素が酸素と反応してしまうためで、切ったリンゴが黒くなってしまうのと同じ作用だ。

変色を防ぐ方法としては、少々面倒臭いが、一本一本ラップでくるむという方法がある。そして、冷蔵庫の野菜室に入れるのが良いとされる。

こうすることによって黒ずむスピードが遅くなり、また、常温で保存しておくよりも歯応えが新鮮なときにより近くなる。常温で保存しておいたバナナは弾力がなくなり、弱ってしまうのだ。

五〇年後、日本の人口は何万人になっている？

二〇二三（令和五）年四月下旬、厚生労働省の研究機関「国立社会保障・人口問題研究所」が「五〇年後の日本の人口」を公表した。

公表されたのは、同研究所が五年ごとに調査している「日本の将来推計人口」のデータで、五〇年後、日本の人口は約八七〇〇万人になるという。

日本の総人口は二〇二〇（令和二）年時点で一億二六一五万人だが、五〇年後にはその数の約六九パーセントにまで減少してしまうということだ。

これでも、前回の調査時よりも現象のペースが緩やかになったというから驚きである。技能実習生制度をはじめとする受け入れが拡大したことにより、今後、外国人は年間で約一六万四〇〇〇人ずつ増えていくと推測されている。

これより考えると、二〇六六年には外国人が日本の人口の一割に達するそうだ。

今から半世紀後には、今とは違った国の形になっていることだろう。

ちなみに、これまでの日本の人口は、七五七万人（一一九二年）↓八一八万人（一三三

八年）→一二二七万人（一六〇三年）→三一二八万人（一七一六～四五年）→三三三〇万人（一八六八年）→七一九九万人（一九四五年）→一億二六九三万人（二〇〇〇年）と推移してきた（出典：「国土の長期展望」中間とりまとめ 概要〔平成二三年二月二一日国土審議会政策部会長期展望委員会〕）。

グラフを見ると、明治維新の頃から急激に増えはじめ、二〇〇〇年をピークに、急速に減少していっている。そして、二一〇〇年頃には、再び明治維新期の人口数になるようである（低位推計の場合）。

なぜキューバの選手は「亡命」してしまうのか？

二〇二三（令和五）年四月四日、とあるニュースが紙面に踊った。

「中日痛手！　キューバ出身ロドリゲス投手が音信不通　亡命？　日本経由は『合法的かつ安全に出国できる』（『東京新聞』）

ワールド・ベースボール・クラシック（ＷＢＣ）にキューバ代表として出場した中日ドラゴンズのジャリエル・ロドリゲス投手が、開幕後も日本に戻ってこなかったのだ。

ロドリゲス投手（の代理人）から中日の球団事務所に連絡が入ったのは同月末頃のことで、「ドラゴンズには大変お世話になった」という感謝とともに「自分の夢を追いかけたい」とのメッセージもあったという。

これは、『東京新聞』が見出しで報じたように「亡命」と見て間違いない。「自分の夢」とは、おそらくアメリカへ亡命してメジャーリーグの選手にステップアップすることだろう。

しかし、キューバ出身の野球の代表選手がアメリカへ亡命するのはこれがはじめてではもちろんないし、二〇二二年の一年間だけで約三〇万人のキューバ人がアメリカへ亡命したというデータもある。

なぜ、キューバ人はアメリカへ亡命してしまうのだろうか？

一番に挙げられる理由は、社会主義をとるキューバでは、代表チームとはいえ選手は「国家公務員」の身分であり、より多くの報酬を求めてメジャーリーグでプレーすることを望むためだ。

昨今、キューバからは多くの有望な選手が亡命していることから、国内リーグは衰退の一途を辿っており、観客が少ないことから球場の整備もままならないらしい。

国家予算が少ないことから照明がつけられず、デーゲームにせざるを得ないから、余計、観客が増えない。

このことは野球選手に限ったことではなく、国立バレエ団のダンサーにもあてはまり、海外公演を行ったダンサーがそのまま亡命してしまうケースも少なくないという。

アメリカ税関・国境警備局のデータによると、二〇二二年に入ってからアメリカへ亡命するキューバ人の数は急増しており、同年だけで約三〇万人以上にものぼる。

なぜキューバの経済がこんなにも弱体化してしまったのかといえば、アメリカによる経済制裁の継続、新型コロナウイルスに伴う観光業の衰退、ロシアのウクライナ侵攻による経済支援の停滞などが理由だ。

なお、二〇二三年のＷＢＣにおいては、代表チームの強化のため、アメリカへ亡命した選手であってもキューバ代表として参加することが認められたが、準決勝でアメリカに大敗し、球場を去っている。

「隕石で死ぬ確率」は「雷に打たれて死ぬ確率」よりも高い？

地球に落下した宇宙の固形物質を「隕石《いんせき》」という。

隕石は、作られた年代が地球の岩石（世界では数億〜三〇億年前、日本では数万〜数億年前）よりももっと古く、四〇〜四六億年前のものが多い。

まれに地球に隕石が落下し、ニュースになることがあるが、人が隕石の落下の被害を受けて死亡する確率は、どれほどのものなのだろうか？

アメリカ合衆国のルイジアナ州ニューオーリンズにあるテューレーン大学の調査によると、任意の一年で、隕石の落下で人が死亡する確率は、最大で二五万分の一だそうだ。これは、地震（一三万分の一）、竜巻（六万分の一）、洪水（三万分の一）、飛行機の墜落事故（三万分の一）、自動車の衝突事故（九〇分の一）よりもはるかに少ない。

しかし、米国海洋大気庁（ＮＯＡＡ）の落雷情報サイトによると、雷に打たれる確率は、任意の一年で七七万五〇〇〇分の一から一〇〇万分の一という。

このデータより考えると、極論すれば、「隕石で死ぬ確率」は「雷に打たれて死ぬ確率」よりも高いということになる。

ただし、雷に打たれても一〇〇パーセント死亡するとは限らないし、ある一人の人生を八〇年と設定すると、雷に打たれる確率は一万分の一、誰かの落雷に巻き込まれる可能性は一〇〇〇分の一と、〝人生八〇年〟で考えると、落雷によって被害を被る確率の方がグッと高くなる。

二〇一三年二月一五日、午前九時二〇分頃、ここ一〇〇年で最大のものとされる隕石がロシア中部ウラル地方のチェリャビンスク州周辺に落下した。

テレビのニュースでも、明るく輝きながら大地に落下する様子が大々的に報道されたので、ご記憶の方も少なくないだろう。

地球に衝突する隕石の大きさ・影響をまとめると、以下のようになる。

・一メートル：一年に一回、空中で小規模な爆発がある。地面に破片が到達することはない。

・一〇メートル：一〇年に一回、空中で中規模な爆発がある。地面に一部の破片が到達する可能性がある。

・一〇〇メートル：一〇〇〇年に一回、空中で大規模な爆発がある。破壊力は水素爆弾に相当し、広範囲にわたって完全に破壊される。

・一〇キロ：一億年に一回、地球全体に大きな影響を与える。巨大なクレーターができ、生物は大量絶滅を免れない。

一九〇八年の「ツングースカ大爆発」（ロシア）は一〇〇メートル規模の隕石が原因とされている。

また、恐竜を絶滅させたとされる隕石の痕跡はメキシコのユカタン半島にある「チクシユルーブ・クレーター」にあり、このクレーターの直径はなんと約一六〇キロもある。

このとき地球に衝突した隕石の大きさは約一〇～一五キロ。衝突した地点付近ではマグニチュード一一を超える地震が起きたと推測されている。

なお、隕石が衝突した痕跡で、日本で確認されているのは「御池山《おいけやま》隕石クレーター」（長野県遠山郷）で、今から約二～三万年前、直径約四五メートルの小惑星（隕石のかたまり）が落ちた跡という。

二〇一〇（平成二二）年に国際誌『隕石と惑星の科学』に論文が掲載され、国際的な隕石クレーターとして公表された。

実は、富士山は長らく頂上から噴火したことがない？

日本でもっとも有名な山、富士山。均整のとれた美しいフォルムは日本人だけでなく、世界中の人々を魅了している。

日本人の心に「母なる山」のように存在し続けている富士山だが、歴史的に見れば「恐るべき山」でもある。

過去、約五六〇〇年のあいだに約一八〇〇もの噴火を繰り返してきているのだ。

富士山が最後に噴火したのは「宝永《ほうえい》噴火」（一七〇七年）のことで、以来、三〇〇年以上も噴火していない。

これは歴史上、かなり特殊なケースで、「富士山はいつ噴火してもおかしくない」と唱えられる根拠となっている。

二〇二一（令和三）年には一七年ぶりに富士山のハザードマップが改定され、噴火によって出される溶岩流や火砕流が以前の想定よりも広がる可能性が指摘されている。

いつか必ずやってくる富士山の噴火に備えて、知識を蓄えておくことは必要不可欠のことと思われる。

さて、「山が噴火する」と聞けば、山の頂上からドーンとマグマが吹き出る様子をイメージすることが多いと思うが、富士山に関していうと、実は長らく頂上から噴火したことはない。

富士山の噴火は、そのほとんどが山腹からのものだ。

富士山には、山頂部から山腹にかけて、半径約一三キロの範囲に「側火山《そっかざん》」「側火口《そっかこう》」が七〇以上（明確なものは約六〇個）ある。

この数は高さ同様、日本一の多さだ。

富士山の側火山の半数以上は、山頂を通る北北西―南南東方向に分布している。太平洋にあるフィリピンプレートが北へ進み、富士山が乗る大陸プレートを南南東から北北西方向へ押し続けている。

これにより、富士山の付近では、北北西―南南東方向との直角方向に引っ張られる力が作用するため、地下の深部ではこの方向に割れ目が発生し、この割れ目に沿ってマグマが上昇し、噴火が繰り返し発生したものと考えられている（参考：「国土交通省中部地方整備局 富士砂防事務所」ホームページ）。

北西側の大室山《おおむろやま》（一三〇〇メートル）、長尾山（一四二四メートル）、栈敷山《さじきやま》（一八〇〇メートル）、南東側の宝永火口（二四〇〇メートル［第一］）、二ツ塚第一丘（一九二六メートル）、浅黄塚《あさぎづか》（一五七五メートル）などが主な側火山の名前だ。

富士山の火山を描いた絵図でもっとも有名なのは宝永噴火のものだろうが、これを見てもわかるように、富士山の麓《ふもと》に近い中腹からマグマが大きく立ち昇っている。

宝永噴火は一六日間にわたり、山麓の村にあった家のうち三七棟が焼失し、残りの三九棟も火山灰の重みによってすべて倒壊したと伝わる。

また、宝永噴火の被害は麓の村に留まらず、偏西風の影響によって南関東一帯にまで火山灰が降り注いだ。富士山から一〇〇キロも離れている江戸でも数センチの灰が積もったと記録にはある。

農地は使い物にならなくなり、収穫が不可能となった。咳に悩まされる人も少なくなかった。

二〇二一年のハザードマップの改定においても、最新の研究が反映され、山麓では五〇センチ以上、首都圏でも二センチ以上の灰が降り積もると試算されている。

二センチは少ない数値のように思えるが、被害は甚大で、レールの上にミリ単位の灰が積もれば電車は運行できないし、電子機器に入り込めば機能しなくなることはいうまでもない。

最近の研究では、火山灰に含まれるフッ素が浄水場の水に悪影響を与え、飲料水として使えなくなるという説もある。富士山の噴火に備えて、知識をなるべく多く持っておくことが必要だろう。

飲んだあとの「〆のラーメン」がやめられないのはなぜ？

久しぶりに会った仲の良い友人たちとさんざん飲み食いしたあと、家路に着く前、「やっぱり〆《しめ》はコレだな！」とばかり、明かりが灯る店の扉を開けることになる。ラーメン屋だ。

気分によって、さっぱりとこってりの差はあるものの、〆はどうしてもラーメンになってしまう。

なぜ、飲んだあとのラーメンはやめられないのだろうか？

簡単に述べれば、お酒に含まれるエタノールと脳の関係にあるようだ。

ヒトの食欲は脳の「視床下部《ししょうかぶ》」でコントロールされているが、この小さな組織は体内の水分量を保つ役割もはたしている。

お酒はそのほとんどが水でできているが、お酒に含まれているエタノールは脱水作用があり、利尿作用もある。また、体が温かく感じるようになり、汗としてさらに体から水分が出て行ってしまう。

このような働きにより、お酒を飲むと体の水分が失われ、喉が渇く。

しかも、体内に入ったエタノールを分解するために多くのエネルギーが使われ、血液中の血糖値が低下する。つまり、体が〝ガス欠〟のような状態になっているのだ。

さらに、エタノールはインスリンの働きを低下させ、満腹中枢のグルコース（ブドウ糖）に対する感度も低下する。

このような一連の働きにより、「飲んだあと（エタノールを摂取したあと）」に「〆のラーメン（エネルギー補給）」を欲するようになるというわけだ。

コロナ禍以降、営業時間を短縮するラーメン屋が多くなったが、かつては午前二時、三時まで営業している店舗も少なくなかった。

それは、もしかしたら、飲んだあとにラーメンを食べたくなるヒトの習性を期待してのことなのかもしれない。

「養殖できる魚」と「養殖できない魚」の違いはどこにある？

スーパーの鮮魚コーナーへ行き、「今日はどの魚を食べようかな？」と思って品定めする。と、魚の名前の横には、こんなことが書いてある。

「養殖」「天然」

「養殖でも真鯛が美味しそうだから、今日は真鯛の刺身にしよう」

そういって、養殖ものの魚を買うことにする。

このように、魚のなかには技術的に養殖できる種類とできない種類がいることがわかるが、その違いはどこにあるのだろうか？

「技術的に養殖できない魚」とは、環境省近畿地方環境事務所によると、「その魚がどんな餌を食べて一生をどのように過ごしているのかがまだわかっていない魚」や「すんでいる環境を人工的に再現するのが難しい魚」という。

たとえば、ハタハタ。

普段は深海で群れをなして生活し、産卵の時期だけ海面付近に上がってくるハタハタは、普段飼育するときは深海の環境を整えていればいいだろうが、産卵時は海面付近の環境で飼育しなければならない。

これはとても難しく、高度な技術をもってしても対応できないだろう。

高級魚として知られるノドグロ（アカムツ）も、養殖が難しい魚の一つ。

ノドグロが生息しているのは水深二〇〇メートルほどの場所で、砂利場である。その住処を再現するのも難しく、ノドグロは養殖が難しい魚として知られてきたのだ。

ところが、新潟県立海洋高等高校（糸魚川《いといがわ》市）が、二〇一八（平成三〇）年に近畿大学と「アカムツ等の養殖及び種苗《しゅびょう》生産に関する高大連携協定」を結び、近畿大学水産研究所の指導のもと、高校生が天然ノドグロの養殖の研究を行ってきた。

そして、翌二〇一九（令和元）年九月、上越《じょうえつ》漁業共同組合所属の漁船に乗り込み、ノドグロの採卵実験、人工授精を行い、四五齢までの飼育に成功。なんと、この試みは世界で二例目の快挙となった。

同高校は、今後も近畿大学と連携を続け、完全養殖をめざしている。

一方、養殖できる魚は、「完全養殖できている魚」と「畜養《ちくよう》の魚（完全養殖できていない魚）」の二種類にわかれる。

完全養殖は、卵から生まれた稚魚《ちぎょ》を育て、稚魚が大人になって卵を産み、そこから生まれた稚魚を育てて……というサイクルができあがっているやり方で、畜養は、海から稚魚をとってきて、それを生簀《いけす》や水槽で大人になるまで育てるやり方だ。

完全養殖できている魚にはクロマグロがある。

二〇〇二（平成一四）年に近畿大学が三〇年の歳月をかけて完全養殖に成功。「近代マグロ」の名称で販売されているのはご存じの通りだ。

畜養の魚にはマアナゴ（真穴子）やブリがある。

マアナゴは、その一生や稚魚の頃に食べるエサ、産卵に必要なものが不明なため、完全養殖ができていない。

ブリは「養殖」と書かれたシールが貼られているケースが多いので、完全養殖できているように思えるが、そのほとんどは実は畜養されたものだ。

そのほか、あえて「養殖しない魚」というグループもある。

こちらは、養殖するのにお金がかかりすぎ、仕事として成り立たない種類である。

騎手はなぜ開催日に「スマホ禁止」なのか？

ＪＲＡ（日本中央競馬会）は二〇二三（令和五）年五月三日、若手六人の騎手に三〇日の騎乗停止処分を科したことを発表した。

「開催日における不適切なスマートフォン使用事案が判明したため」である。

ＪＲＡは騎手に対し、騎乗日前日の午後九時までに競馬場に併設された調整ルームに入室することを義務付けている。

二〇一一（平成二三）年からは、財布や通信機器は原則セーフティーボックスへ預けることになっている。

もちろん、レースのあいだに使用するジョッキールームへの持ち込みも禁止だ。

なぜこのような措置が取られているのか？

外部との接触を遮断することで情報の漏洩《ろうえい》を防ぎ、公正を保つことが理由だ。もちろん、アスリートとしてコンディショニングを万全にするためもある。

競馬はギャンブルである。

万が一、内部から馬やジョッキーの情報が漏れれば、情報を得た者は俄然《がぜん》有利になる。それを避けるためにほかならない。

「日本中央競馬会競馬施行規定第一四七条」にはこう書かれている。

「第一三八条第一項各号及び第一四五条各号のいずれか又は前条に該当する場合を除き、次の各号のいずれかに該当する馬主、調教師、騎手、調教助手、騎手候補者又は厩務員に対して、期間を定めて、調教若しくは騎乗を停止し、戒告し、又は五〇万円以下の過怠金を課する」

「次の各号」の一つとは、一九号の「競馬の公正確保についての業務上の注意義務に違反した者」である。これに、スマホを使って外部と接触したということが含まれるのだろう。

調整ルームには居室のほか、食堂、娯楽室、浴室などがあり、浴室には体重調整をするためのサウナも設けられている。

当日、朝三時、所属する厩舎に到着。午前五時、タクシーで競馬場へ出発し、午前九時に検量室で前検量（レース前にジョッキーが検量する）し、午前一〇時前後にレースが開始される。

中央競馬では過去にも同じような処分が行われている。調整ルーム内で、ツイッターなどを使って外部と通信したことで処分されたケースが多いようだ。

また、このような、外部との接触を禁止することはそのほかのスポーツでも行われており、競輪、ボートレース、プロ野球などでも同じ。

プロ野球では、二〇一二（平成二四）年五月に当時ヤクルトに所属していたバレンティン選手が試合中にツイッターを更新したとして球団から厳重注意されている。

「加速度病」「動揺病」これって、何のこと？

連休が増えた昨今の日本。

二〇二三（令和五）年、土日を含めて三連休になる回数は八回あり、七月以降は一一月まで毎月ある。

連休が増えれば、それだけ車、電車、飛行機などに乗って遠出する機会も多くなるが、「乗り物酔い」する人にとっては少々やっかいなのではないだろうか。

この、乗り物酔い。

実は医学用語では「加速度病」や「動揺病」と呼ばれている。

花粉症などのアレルギー体質の人、自律神経失調症の人、精神的なストレスが多い人などが乗り物酔いしやすいとされている。

人間の平衡感覚は、耳の内耳《ないじ》にある「前庭」と「三半規管《さんはんきかん》」という部位で調整されているが、乗り物が引き起こす揺れや、前後・左右への動き、発車や停止に伴う刺激は、内耳を通じて脳へ伝達される。

これらは普段から慣れていない刺激なので、これが脳に伝わることによって自律神経が乱れ、頭痛、めまい、吐き気、顔面蒼白などの症状が現れることになる。

乗り物酔いの代表例は「船酔い」だと思うのだが、船酔いこそ、普段の日常生活には体験できない揺れではないだろうか。

縦揺れ（ピッチング）、横揺れ（ローリング）、水平面での左右の揺れ（ヨーイング）、上下動（ヒーヴィング）、急速落下（フォーリング）といった多くの揺れが反復ないし不規則に乗客を襲うことによって、平衡感覚にズレが生じていくのだ。

乗り物酔いの症状にならないようにするためには、乗り物に乗る回数を増やして慣れていくか、体を激しく動かすことで体を慣らしていくことのほか、実際に乗り物に乗る際に、乗り物の進行方向がわかる位置に座って、視覚から得る情報と体の動きを一致させておくことが重要だ。

したがって、乗り物に乗るときに本やスマホなどを見ていると、視覚情報が体と合わなくなり、酔いやすくなるのである。

チキン南蛮と鴨南蛮、「南蛮」の由来は実は違う?

子どもから大人まで大人気のメニュー、「チキン南蛮《なんばん》」。

日替わりのメニューにラインナップされていれば、腹ペコの会社員はきっとオーダーするに違いない。

このチキン南蛮の「南蛮」だが、その由来はご存じだろうか。

歴史好きなら「あの時代かもしれない」とピンとくるかもしれない。

そう、由来は室町～戦国時代にさかのぼる。

この頃、ヨーロッパ大陸の西の端に位置するスペインやポルトガルのことを「南蛮」と呼んでいた。

もともと「南蛮」とは、中国大陸を治めていた朝廷が異民族を呼ぶときに使った「蔑《べっ》称《しょう》」だ。つまり、相手を蔑《さげす》むときに用いられる言葉である。

南蛮のほか、北に勢力を張る異民族のことを「北狄《ほくてき》」といった。狄には「追い払うべきえびす」の意味がある。

現在、日本では「えびす」といえば恵比寿さんに代表されるように福の神のイメージがあるが、もともとえびすとは、異界からやってきた異民族なのだ。

そして、スペインやポルトガルでは古くから、揚げた魚の酢漬け「エスカベッシュ」が食されており、それが日本に伝わるときに「南蛮漬け」と呼ばれるようになったとされる。

一方、蕎麦屋でよく見かける「鴨南蛮」。鴨南蛮はもちろん、酸っぱくないメニューだ。では、なぜ「南蛮」と付けられているのか？

この、鴨南蛮の「南蛮」は、ネギのこと。

江戸時代に来日したスペイン人、ポルトガル人、彼らに支配されている東南アジア人などが、好んでネギを食べていたことに由来するという。これは、健康を維持するためのものだったようだ。

チキン南蛮、鴨南蛮は、このように日本独自のアレンジメニューなので、英語圏の外国人に紹介するときは以下のように説明すると良いだろう。

チキン南蛮：Fried chicken with vinegar and tartar sauce（酢とタルタルソースが付い

た揚げ鶏）
鴨南蛮：Soba with duck meat and welsh onions（鴨肉とネギがのった蕎麦）

高級車ブランド「レクサス」はなぜ「レクサス」？

トヨタ自動車が海外と国内で展開している高級車ブランド「レクサス」。

アメリカ合衆国で一九八九年に初代ＬＳが発売され、その洗練されたデザインと日本車特有の優れた性能が評価され、ＢＭＷやベンツを凌《しの》ぐ人気を誇るようになる。

その後、二〇〇五（平成一七）年以降、日本でも販売されるようになり、現在、高級車の一翼を担うまでになっている。

トヨタが社運を賭けたとまでいわれるレクサスだが、車名の語源はどこにあるのだろうか？

レクサス（LEXUS）は、ドイツ語で贅沢を意味する「Luxus」が由来。

そこに、「ラグジュアリー」と「最先端テクノロジー」を意味する名前として「LEXUS」を造語したという。

さて、車の名前の付け方にはいくつかの〝法則〟がある。

たとえば、親しみやすい名前、五文字以内、他社の車名にない名前などだ。五文字以内という法則も、親しみやすさを生み出すことからのものだろう。

他項でフォルクスワーゲンの命名の仕方について少し触れたが、フォルクスワーゲンが「風」に由来する名前が多いのに対し、ランボルギーニは「闘牛」に由来する名前が多い。

そもそも、ランボルギーニの象徴であるエンブレム自体が雄牛だし、「アヴェンタドール」は一九九三年頃にスペインのサラゴサ闘牛場で活躍した雄牛、「ミウラ」はスペインの闘牛牧場「ミウラ」に因《ちな》む。

ただし、カウンタックは、驚きや感嘆を表すイタリア・ピエモンテ地方の方言である「Coon-tach（クンタッチ）」に由来するとされる。

とはいえ、「ムルシエラゴ」は一九世紀に実在していた闘牛の名前だし、「ディアブロ」は一九世紀にスペインのベラグア公爵が育てていた闘牛で、一八六九年七月一一日、マドリードの闘牛場で、闘牛士エル・シコロと激しい戦いを演じたと伝わっている。

なお、車の名前に造語が多いのは、一九九〇年代半ばに商標登録の件数がピークを迎えてしまったからで、すでにある〝美しい言葉〟を探すことが難しくなってきたからにほかならない。

今後発売される車種の名前は、おおよそ造語になることだろう。

アイスクリームには実は「賞味期限」がない？

食品のなかには「賞味期限」と「消費期限」が表示されているものがある。

この場合の食品の「期限」とは「袋や容器を開けていない状態で、書いてある『保存方法』を守って保存すると、いつまでその食品を食べることができるのか」ということを意味している（神奈川県「かながわの食品衛生 キッズページ」）。

そして、賞味期限と消費期限は、似ているようだが、もちろん意味は異なる。

賞味期限は「その日付までは品質が保たれ、美味しく食べることができる」ということを表した期限のこと。

消費期限は「その日付までは食べることができる」ということを表した期限のことである。

つまり、賞味期限を過ぎてもすぐにその食品が食べられなくなることはなく、消費期限を過ぎたら食中毒などが起こる可能性があるので食べるのをやめる、ということだ。

そのため、賞味期限が示されている食品はスナック菓子、冷凍食品、缶詰などで、消費期限が示されている食品は弁当、肉、パン類などの生鮮食品が多い。

ただ、一部の食品には、賞味期限と消費期限の表示を省略できる食品もある。

でん粉、チューインガム・冷菓、砂糖、食塩・うま味調味料、飲料水・清涼飲料水など。そして、アイスクリーム類もそうだ。

これは、品質の劣化が極めて少ないものに関しては賞味期限及び保存方法を省略しても良いということが「加工食品品質表示基準」に示されているためで、製造してから店舗に届くまでにきちんと冷凍保存されていれば品質が劣化することは極めてわずかなので、アイスクリーム類もこの基準に該当するのだという。

ただし、実際にアイスクリーム類を見てみると、賞味期限が商品の容器に印字されていることもある。法律上、省略することができるという意味だろう。

ちなみに、アイスの種類は「アイスクリーム」「アイスミルク」「ラクトアイス」「氷菓」にわかれているが、この違いをご存じだろうか。

アイスの種類は「含まれる乳固形分・乳脂肪分の違い」によって分かれている。

乳固形分とは「乳製品のうち水分を除いた成分」のこと。乳脂肪分は「乳固形分」に含まれる脂肪を指す。

乳成分の量によって、アイスの種類が法律上、区分されているのだ。

アイスクリームは乳固形分が一五・〇パーセント以上（うち乳脂肪分八・〇パーセント以上）、アイスミルクは乳固形分が一〇・〇パーセント以上（うち乳脂肪分三・〇パーセント以上）、ラクトアイスは乳固形分が三・〇パーセント以上（乳脂肪分の量は問われない）、氷菓は上記以外のもの、となっている。

「民間軍事会社」はなぜ〝南アフリカ生まれ〟なのか

二〇二二年二月、ロシアがウクライナに侵攻したことで俄然注目を浴びる存在となった「民間軍事会社」。

同侵攻においては「ワグネル」という会社名がその筆頭として連日ニュースなどで流れることになった。

そもそも「民間軍事会社」とは何だろうか？

民間軍事会社では、権力者などに金で雇われた傭兵が会社組織として活動している。

世界史的に見ると、傭兵は古代から存在していたが、現代のような会社組織として活動するようになった傭兵のはじまりは「エグゼクティブ・アウトカムズ」という会社だ。

この会社は南アフリカで生まれたが、一九八〇年代後半、同国で「アパルトヘイト（人種隔離政策）」が撤廃に向かうなかで職を失った白人の軍人が設立したという。

アパルトヘイトは、少数の白人が大多数の黒人を支配するときに行われた政策で、第二次世界大戦後まもない一九四八年からはじまった。

すべての南アフリカ人を白人、カラード、インド人、アフリカ人の四つの「人種」に分類し、人種別に居住区を制限。公園、公衆トイレ、レストラン、エレベーター、バス、鉄道など、あらゆるものが「ヨーロッパ人専用」と「非ヨーロッパ人専用」に厳格に分けられた。

世界史の負の遺産として、学校の授業で必ず学ぶことがらだ。

エグゼクティブ・アウトカムズはそんな歴史で守られていた南アフリカの白人の軍人が、優位な立場を失ったことから立ち上げた会社だった。アンゴラ内戦（一九七五〜二〇〇二年）では、アンゴラ政府と契約し、反政府勢力との戦闘を請け負っている。

イラク戦争（二〇〇三年）においても民間軍事会社は業務を請け負っており、アメリカの「ブラック・ウォーター」という会社が知られる。

しかし、この会社は、二〇〇七年、イラクの首都バグダッドの広場で武装警備員が銃を乱射し、多くのイラク市民が死傷。厳しい批判を浴びた。

ロシアのウクライナ侵攻においては「ワグネル」という会社名が知られるのは先述の通りだが、この会社も、戦闘員がウクライナの首都キーウ近郊で住民を拷問・殺害していると報じられている。傭兵といえども、行っていることは軍の兵士となんら変わらない。

二〇二三年四月末にウクライナの英字紙『キーウ・ポスト』が伝えたところによると、ウクライナ侵略作戦に参加しているロシアの民間軍事会社はなんと二五社にものぼるという。

東部バフムト攻略でロシア軍の主力を担うワグネル以外にも、ロシアの国防省や情報機関「連邦保安局（ＦＳＢ）」と深い関係を持つ軍事会社が確認されたという。

また、国際的な公開情報収集企業「モルファー」によると、ウクライナ以外で活動しているロシアの軍事会社は一二社あるといい、合計三七社あるとしている。そして、そのすべてがプーチン政権と何らかの関係を持つという。

〝民間〟軍事会社とはいえ、実業家が運営資金を出しているのは全体の一六パーセントで、それ以外は公金が六七パーセント、官民の資金が一七パーセントという。

民間軍事会社という体裁ならば、多くの兵士の死者を出してもプーチン政権が責任を負う必要はない。

そのため、近年の戦闘においてはこのような会社が使われることが多いのだろう。

そんな彼らは、まさに〝捨て駒〟である。

人口はたった五人？シドニー郊外の小さな国「ワイ公国」とは

世界でもっとも小さい国といえば「バチカン」だ。

正式名称は「バチカン市国（Vatican City State）」といい、ローマ市内の西部にある。

いわずと知れた、全世界のカトリック教会の総本山である。

バチカン宮殿、サン・ピエトロ大聖堂、システィナ礼拝堂など著名な建築物が多く、教皇領などはユネスコの世界文化遺産にも登録されている。

二〇一八年一〇月現在の人口（バチカン国籍保有者）は六一五人で、バチカン国籍を保有せずに滞在する人（二〇五人）を足しても八二〇人と、千人に満たない。

面積は約〇・四四平方キロメートルで、日本の皇居（約一・一五平方キロメートル）の半分以下だ（ただし、市国外のイタリア領土内に治外法権を有する施設がある）。

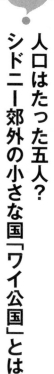

ところが、である。

世界にはバチカン市国よりも、もっと小さな〝国〟があるのだ。

これらの国は「自称国家（ミクロネーション）」と呼ばれている。

オーストラリアのシドニー郊外のモスマン市に築かれた「ワイ公国（Principality of Wy）」がそれだ。

ワイ公国の人口は、なんと五人。

国王である男性、公妃の女性（妻）、女性二人（娘）、男性一人（息子）が〝国民〟のすべて。つまり、国王の家族である。

ワイ公国が建国されたのは二〇〇四年のこと。

この男性、ポール・デルプラット氏が、家の周囲に道路がなかったことから、地元の自治体に敷設《ふせつ》を申請したところ、自治体のミスで自宅前に道路が敷設できなくなってしまったことがきっかけだ。

このことに激怒した彼は、モスマン市にオーストラリアからの独立を申し出たところ、なんと承認されてしまったのだ。

国王は芸術家だったことから、国の紋章や国歌などはすべて自作。ホームページには王冠を被《かぶ》った堂々とした姿の写真が掲載されている。

ただし、ホームページは二〇二〇年の新型コロナウイルスの発生時の頃で更新が停止しているので、現在の人口や動きは不確かな部分が多い。

イギリス、イングランド南東の沖合一一キロに築かれた「シーランド公国（Principality of Sealand）」も、ミクロネーションの一つ。

建国は一九六七年で、国のスローガンは「海から自由を（E Mare Libertas）」。憲法、国歌、国旗も持っている。

イギリスの領海の外にあった元要塞は、第二次世界大戦後に取り壊されることになっていたが、漁業の傍《かたわ》ら、海賊ラジオ局を運営していた実業家ロイ・ベイツ氏がこの要塞を占拠し、独立を宣言したのだ。

この公国もホームページを作成しているが、そこでは爵位が〝販売〟されている。男爵または男爵夫人は五九九九円、伯爵または伯爵夫人は三万九九九九円だ（金額はいずれも二〇二三年四月末現在）。

創立者の孫リアム・ベイツ氏は、これらの売上で十分、シーランド公国を維持できるといっている。

爵位のほか、Tシャツ、身分証明書、キーホルダーなども販売。世界中の人々がそれらを購入しているのだろう。

支払いにはクレジットカードのほか、PayPayも使える。

修学旅行はもともと師範学校の軍事教練だった

二〇二〇（令和二）年の年明けから本格化した新型コロナウイルスの影響で、修学旅行先のランキングに異変が見られた。

コロナ禍前の二〇一九（令和元）年、中学校の修学旅行先ベスト五は以下の通りである（日本修学旅行協会の資料による）。

一位 京都、二位 奈良、三位 東京、四位 大阪、五位 千葉

それが、コロナが蔓延しはじめた二〇二〇年はこのようなランキングに変化したのだ。

一位 京都、二位 奈良、三位 山梨、四位 北海道、四位（同率）長野

三位に山梨が突然ランクインしている。山梨は前年では一〇位にも入っていないから、異例の〝出世〟である。

同協会によれば、首都圏での感染拡大を受けて、新幹線で東京を訪れていた中京圏の多くの中学校が、東京よりも近い山梨に目的地を変更したという要因があったようだが、実

は四位の北海道と長野も前年のベストテンには入っていない。

これより考えられるのは、山梨も北海道も長野も「自然が豊か」であるということ。「密を避ける」結果として、山梨が三位に躍り出たということだ。

ちなみに、二〇二〇年は、前年度三位だった東京はランク外となり、四位だった大阪は一六位にまで落ちてしまっている。

修学旅行の起源は、一八八六（明治一九）年二月、現在の筑波大学の前身の一つである東京師範学校が千葉県で行ったものにある。

しかし、このときは「修学旅行」ではなく「長途遠足」と呼ばれ、野外の軍事教練と文化財の見学がセットになっていた。

修学旅行という言葉がはじめて使われたのは、同年一二月に作られた『東京茗渓会《めいけいかい》雑誌』第四七号の「修学旅行記」においてであった。なお、東京茗渓会は東京師範学校の同窓会の名前である。

いずれにせよ、修学旅行のはじまりは東京師範学校にあった。

軍事教練にルーツを持つ修学旅行らしく、大正時代は軍の施設や軍艦などを見学したり、中国の東北部や朝鮮半島へ行くこともあった。

昭和初期にこれらの地域を治めた日本の歴史を振り返ると、軍国主義の臭いを嗅ぎ取ることができる。同様の理由で、伊勢神宮《いせじんぐう》や橿原《かしはら》神宮を訪れ、皇室に連なる敬神思想を育成することも行われている。

海外でも修学旅行は存在し、スイスでは公立高校がスペインやフランスに行ったり、アメリカではアラバマ州の公立高校がカリブ海の島々へ行ったりしている。

なぜ霊柩車は出棺するときにクラクションを鳴らすのか？

葬儀に出席したことのある方なら、出棺（故人の遺体を火葬場まで運ぶこと）のときに霊柩車《れいきゅうしゃ》が鳴らす「クラクション」を聞いたことがあるだろう。

霊柩車が鳴らすその音をきっかけに、参列者は改めて故人に向けて手を合わせ、あの世での幸福を願う。

そもそも、なぜ出棺時に霊柩車はクラクションを鳴らすのか？

一説では、クラクションを鳴らすことに特別な意味はなく、偶然クラクションを鳴らしてしまったことが慣例として根付いたともいわれるが、日本に脈々と受け継がれてきた精神が影響していることは間違いないだろう。

興味深い説では「茶碗割り」の風習が転じたものという説がある。

まだ霊柩車がなかった時代、故人が自宅から旅立つときに、故人が生前使っていた茶碗を割る慣習があった。「この世界は、故人となったあなたが戻ってくる場所ではありません。成仏《じょうぶつ》してください」という意味だ。

その〝割る〟ときに出る音をクラクションで表現しているという説である。

「一番鶏の鳴き声」の代わりとする説もある。

かつて、出棺は夜明け前に行われることが多く、一番鶏が鳴く時間帯である。その鳴き声をクラクションで代用しているという説だ。

「鐘」の代わりという説も興味深い。

昔、寺で葬儀が終わり、出棺するときに鐘を鳴らしたり寺の鳴り物を鳴らしたりすることの代わりという。これもまた、日本人に長く浸透している仏教関連の説だから、納得できる説といえる。

ただし、いずれの説も確実なものではない。出棺時の行いを考えるヒントにしていただければ幸いである。

なお、霊柩車といえば、かつてはゴツゴツした装飾が施された宮型がとても多かったが、現在はほとんど見かけることはない。

ある葬儀社が記すデータでは、二〇〇九（平成二一）年には台数で洋型（セダンをベースにしたリムジンタイプのストレッチ型）が宮型を上回っている。

洋型が宮型を上回った背景には、やはり「火葬場の設置問題」が挙げられるだろう。住宅地のなかに火葬場がある場合などは特にセンシティブにならざるを得ず、宮型では見ただけで霊柩車とわかってしまう。そんな周辺住民への配慮が、宮型を遠くへ押しやったと推測できる。

また、宮型の霊柩車をメンテナンスするのも一苦労で、一台二〇〇〇万円ともいわれる芸術品のような宮型を手掛けられる職人（宮大工）が減ってきたことも、宮型の霊柩車が姿を消しつつある要因であるとされている。

高速バスに設えられた運転手の「仮眠室」はいったいどこにある？

長距離を移動するときに重宝する「高速乗合バス」（以下、高速バス）。

最安値で、東京↓大阪二七八〇円、東京↓福岡八三〇〇円、新潟↓東京一八〇〇円などとなっている。

移動日が決まっていれば「早割」でもっとお得に乗れるだろう。

しかし、二〇一二（平成二四）年四月に発生した関越自動車道の上り線、藤岡ジャンクション付近でツアーバスが防音壁に衝突した事故は衝撃的なものであった。

この事故で七人が死亡し、乗員乗客三九人も重軽傷を負ったのだ。

そして、この事故をきっかけに、高速バスの「交代運転者」の配置基準が設けられ、今に至っている。

それでも高速バスの事故はまったくなくなったとは言い難い。

現在、高速バスは四〇〇キロ以上の距離を走行する場合は必ず二人体制で運行しなければならないが、一部のバスには運転手のための「仮眠室」が設けられているのをご存じだろうか。

多くはトランクの横に設けられており、天井は少し低いが、足をゆったりと伸ばせるようになっている。エアコンが完備され、運転手と連絡を取るためのインターホン、コンセント、消化器、ライトなどが設置されている。

仮眠室にはバスの内部からも外部からも入れるようになっており、エンジンと離れた場所にあることからうるさくはないそうだ（防音も施されている）。車体の低い部分でほぼ中央に設けられていることから、揺れも少ないという。

いまますぐ使える！
驚異の雑学

「@（アットマーク）」は英語やフランス語では何という？

主にメールアドレスで目にすることが多い「@（アットマーク）」。

最近ではTwitterやLINEなどのSNSでも使用されることも少なくない。

「○○@gmail.com」のように、ユーザー名とドメインの区切りとして置かれているが、これはドメイン上にユーザーが存在するという、つまり〝場所〟を表す意味からきている。

アットマークはもともと「単価」を意味する記号で、日本語の正式名称は「単価記号」という。会計や経理の分野において、一個一〇〇円の商品を表すときには「@１００円」と表記する。

この@。

「アットマーク」という呼び名は日本独自のもので、いうなれば和製英語だ。

国際的には「コマーシャルアット」と呼ばれ、英語では「アットサイン」「アットシンボル」とも呼ばれる。

また、メールアドレスで使用されていることからわかるように、現在の私たちにとってはかなり身近な存在。そのため、各国で親しみを込めて様々に呼ばれている。

英語では「cyclone（サイクロン）」「snail（カタツムリ）」、フランス語では「escargot（エスカルゴ）」「arobase（アロバズ［質量の単位］）」、スペイン語では「arroba（アローバ［質量の単位］）」、ドイツ語では「Klammeraffe（クモザル）」といった具合だ。

アットマークの由来は、諸説あるが、書写をしていた中世の修道士が手書きの負担を軽減するために、英語の前置詞「at」「to」にあたるラテン語の「ad」を略記したことからはじまったと伝わる。

そして、一九七二年頃、アメリカのプログラマー、レイ・トムリンソン氏が二台のコンピュータ間で電子メールを送信する実験を行った際、メールアドレスのユーザー名とドメインの区切りの記号として用いたことにより、インターネットの世界に広まっていった。

実はサケなどの稚魚を放流しても、魚は増えない？

サケ、シシャモ、ニシン、ヒラメなど、日本では人工的に孵《ふ》化《か》させた稚《ち》魚《ぎょ》を放流し、水産資源を増やす試みとして「種《しゅ》苗《びょう》放流」が行われている。

全国でその数、およそ七〇種。「これで日本近海の魚は増えるに違いない」と考えられてきたが、実はそれは違うのではないかと近年いわれている。

二〇二三（令和五）年二月、「川の魚を増やすためにたくさん放流し過ぎると生態系のバランスが崩れて、川にいるすべての魚が逆に減ってしまう」とする研究結果を日米の共同研究チームが発表したのだ。

北海道立総合研究機構やノースカロライナ大学などの共同研究チームは、人工受精で産まれた魚の放流が川の生態系にどのような影響を及ぼすのか、サクラマスに注目して研究した。

すると、放流が大規模に行われている河川ほど、すべての種類の魚が減る傾向にあることがわかったのである。しかも、大規模な放流を繰り返せば繰り返すほど、魚は淘汰《とうた》され、いなくなってしまった種類も出たという。

せっかく魚を増やすために放流したのに、逆に減ったりいなくなってしまうとは。

この原因について共同研究チームは、川の生態系の許容量を超えた大規模な放流を行うと、エサや住処の奪い合いが起こり、生態系が崩れ、すべての魚の減少につながってしまうのではないかとしている。

日本で孵化放流事業は、明治維新から間もない一八七六（明治九）年に茨城県の那珂川《なかがわ》で行われたものが最初だが、その後、この試みは全国に広がりを見せ、環境を見つめ直す意味で教育の一環として催されることも少なくない。

生態学では「支えられる生物の数」を「環境収容力」という。

この力を上回る数の稚魚を放流したら、どうなるだろうか？　答えはいわずもがなである。

先にも挙げたが、ヒラメは種苗放流をしている代表的な魚だが、「ヒラメ太平洋北部系群の資源評価」（水産研究教育機構）というグラフによると、ヒラメの資源量は二〇一一年を境に急増している。

原因は、東日本大震災だ。

震災に伴い原発事故が引き起こされ、放射性物質の影響で漁業が制限されたことによる。ヒラメを獲らなかったので増えたのだ。

このようなことからも、種苗放流の効果について考えることができるかもしれない。

「血の王」「怪物殺人者」これって、何の名前？

そもそも、なぜ「恐竜」という名前が付いたのか。

恐竜とは「ダイノサウリア（DINOSAURIA）」という動物グループの名前を翻訳したものだ。

ダイノサウリアという名前は、イギリスの古生物学者リチャード・オーウェンによって考えられた。

一八四一年の時点で、イギリスではイグアノドン、ヒラエオサウルス、メガロサウルスという三種類の絶滅した大型爬虫《はちゅう》類が過去に存在していたことが知られていたが、解剖学者でもあるオーウェンはそれらの化石を調べ、この三種類はその当時生きているどの爬虫類とも異なる特徴を持っていることに気づいた。

そこで、翌一八四二年、新しい動物グループ「ダイノサウリア」を作った。

これはギリシャ語で「恐ろしいほどに大きい」という意味の「deinos」と「トカゲ」を意味する「sauros」を合わせた言葉の「deinos sauros」に由来する。

一八九五（明治二八）年、日本の古生物学者の横山又次郎が著した『化石学教科書（中巻）』で、ダイノサウリアが「恐龍」と訳された。

これが「恐竜」という単語の初出だ。

横山は「deinos」を「恐ろしい」と訳し、「sauros」は〝大型の爬虫類〟のイメージで「龍」とした。彼が「トカゲ」と直訳していたら、どんな命名の仕方になっただろうか。

実際、その後、トカゲの漢字「蜥蜴」を用いた「恐蜥《きょうせき》」「恐蜴《きょうえき》」という呼び名も提案されたことがあったが、最終的には「恐龍」という秀逸《しゅういつ》な言葉に勝てなかった。そして、現在の「恐竜」という呼び名に落ち着いたのである。

もっとも有名な恐竜といえば「ティラノサウルス」だが、「ティラノ」は「暴君の」、「サウルス」は右記からわかるように「トカゲ」だから、直訳すれば「暴君トカゲ」となる。「T・レックス」とも呼ばれるように、ティラノサウルスの学名は「Tyrannosaurus rex」。「レックス」はラテン語で「王」という意味だから、ティラノサウルスの正式な翻訳語は「暴君トカゲの王様」となる。

メチャクチャ強そうな名前だ。

「イグアノドン」や「ヒプシロフォドン」などの「ドン」はギリシャ語で「歯」を意味する「odont」からきている。それより考えると、イグアノドンは「イグアナの歯」、ヒプシロフォドンは「高い隆起のある歯」と翻訳できる。

恐竜の歯は抜け落ちても生え変わることから化石として残りやすく、恐竜の学名として用いられやすい。歯に特徴のある哺乳類も学名に「ドン」と付けられやすい。

二〇一三年にアメリカ合衆国のユタ州の国立公園で発見された「リトロナクス・アルゲステス（Lythronax argestes）」はギリシャ語で「lythron」が「血」、「anax」が「王」を意味する。日本語で呼べば「血の王」だ（argestesは「南西部」が由来）。

また、同じ場所から発掘された「テラトフォネウス（Teratophoneus）」は古代ギリシャ語で「teras」が「怪物」、「phoneus」が「殺人者」を意味する。日本語では「怪物殺人者」だ。物騒すぎる。

「血の王」リトロナクス・アルゲステスの研究を率いたユタ大学のマーク・ローウェン氏は「当然、〝王〟を入れたかった」と命名に関して述べている。

驚きの事実！ サソリの目は八個もある？

大きなハサミと毒針を持つ〝猛毒の生物〟サソリ。

夏の宵の南の空に浮かぶ星座「さそり座」は、狩人オリオンが「この世に自分ほどの強者はいない」と豪語したことから、女神ヘラが毒サソリを放ってオリオンを刺し殺させたというギリシャ神話に由来する。

さそり座とオリオン座は天球上で一八〇度離れており、夜空に同時に現れないことを神話に結びつけたものだ。

古来よりサソリが猛毒の生物と認識されていることの証拠でもあるが、実は人間をはじめとする哺乳動物に対して被害を与えるようなサソリはごく一部だ（二〇〇〇種のうち二〇種程度）。

サソリは砂漠のような乾燥地を好むというイメージがあるが、これも誤解のようで、海岸沿いの湿っぽい環境や、標高三〇〇〇メートルを超す低温の高地に生息するサソリもいる（参考：宮下正弘「サソリ毒は生活活性ペプチドの宝庫」生物工学第94巻）。

サソリの生態で何よりも驚くのが「眼」かもしれない。

実は、サソリの眼は八個（たとえばダイオウサソリの場合）あるのだ。

サソリの眼は頭胸部に三か所にわたって付いており、前方（側眼）に三つ×二か所、中央の上（中眼）に二つ×一か所ある。これで、八個だ。なお、前方に付いている眼は種類によって二つや五つの場合もある。

側眼は光の検知、中眼は空間を把握する役割があるようだが、獲物や環境がはっきり見えているわけではないと考えられている。

エサとなる獲物を感知するのは腹部にある櫛状板《くしじょうばん》と呼ばれる感覚器官で、これで地面の振動を検知することによってエサの生物の位置を把握しているらしい。

さらに驚きなのが、表皮が持っている蛍光性だ。

実は、サソリを採集したいなら夜間に生息地でブラックライト（紫外線ライト）を照らすとサソリが光ってすぐにわかるのだ。

この、サソリの表皮の蛍光物質の正体は完全に解明されてはいないようだが、β—カルボリンという物質が光るためという説がある。

サソリがこの物質を持つのは、一説によると仲間を見分けるためとされるが、サソリは夜行性の生物。サソリが光るための紫外線はない。

四億三〇〇〇万年前のシルル紀にはすでに現在のような体をしていたサソリの生態は、いまだ完全に解明されてはいないのである。

新幹線の座席はなぜ三列と二列に分かれているのか？

「新幹線の指定席、どこが一番好き？」

Jタウンネットがこんな面白いテーマを掲げてアンケートを実施したことがある（投票総数は七七三票）。

選択肢は三列シートの窓側、真ん中、通路側、二列シートの窓側、通路側の五つだ。

結果は、やはりというべきか、以下のようになった。
一位　二列シートの窓側（六一・二パーセント）
二位　二列シートの通路側（一五・八パーセント）
三位　三列シートの窓側（一一・九パーセント）
四位　三列シートの通路側（一〇・五パーセント）
五位　三列シートの真ん中（〇・六パーセント）
つまり、多くの人が二列シートを選んだということになる。
これは、窓側なら外の景色もバッチリ見えるし、もしもトイレに行きたくなっても、出るまでに一人ならば声を掛けやすいという心理によるものだろう。
二位に二列シートの通路側がランクインしているのも、似たような理由かもしれない（三列シートの通路側よりは景色が見えやすいなど）。
新幹線のシートはこのように二列と三列に分かれているのだが、なぜこんなふうに設置されているのだろう。車内の幅が関係しているのだろうか？
新幹線の座席が二列と三列に分けられているのは「乗客グループが二人以上の場合、何人になっても隣接した座席を作ることができるから」である。
たとえば、二人の場合は二列シート×一列で済むし、三人の場合は三列シート×一列で済む。四人の場合は二列シート×二列、五人の場合は二列シート×一列＋三列シート×一列、六人の場合は三列シート×二列、七人の場合は二列シート×二列＋三列シート×一列、八人の場合は二列シート×一列＋三列シート×二列……となる。

これは飛行機の場合も同様で、飛行機は三列シートと四列シートで構成されている。

ただし、列車種別によっては新幹線であっても二列シートしかない車両もあり、この項の説明はあてはまらない。

なお、「三列と二列にしたのは乗客のため」としたのはあくまで結果論であって、普通列車の車両よりも幅が広い新幹線だから、一度にたくさんの乗客を運ぶために三列シートを設けたとする説もある。

なかなか興味深い説だし、説得力がある。

そもそも新幹線は、「一度に大量の人々を早く遠くへ届ける」ための乗り物なのだから。

雷で亡くなった六月二六日が記念日になった歴史上の人物とは？

皆さんは六月二六日が何の記念日か、ご存じだろうか。

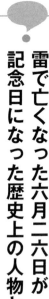

答えは「雷《かみなり》記念日」である。

これは、九三〇（延長《えんちょう》八）年に清涼殿《せいりょうでん》に雷が落ち、大納言《だいなごん》の藤原清貫《ふじわらのきよつら》が亡くなったことに由来する。

当時、平安京《へいあんきょう》辺りは長い日照り続きで、雨乞いを行うかどうかは内裏《だいり》でも相談がなされていた。

そのような折、清涼殿に雷が落ちてしまったのだ。実際には清貫だけでなく、公卿《くぎょう》や官人《かんにん》も巻き込まれたようだ。

しかし、不運なことに、雷に襲われた清貫は即死だったと伝わっている。清貫は雷が直撃した場所付近にいたのだろう。

だが、清貫の不慮の事故死は、当時の人々にとってはかなり衝撃的なものであった。

人々は雷の仕業《しわざ》とは思わず、「大宰府《だざいふ》へ左遷《させん》された菅原道真《すがわらのみちざね》の怨霊《おんりょう》」と思い込んだのだ。

実は清貫は道真の左遷に大いに関わった人物であった。

大宰府で無念あるいは怒りとともにこの世を去った道真が、二七年の時を経て、自分を蔑《さげす》んだ者を祟《たた》りに舞い戻った……。

自然現象とはいえ、科学がいまだ発達していないこの時代。落雷を道真の祟りに置き換えることは想像に難くない。

その後、九四七（天暦元《てんりゃく》）年、道真は北野社《きたのしゃ》に「天神《てんじん》（雷神《らいじん》）」として祀《まつ》られることになり、やがて「学問の神様」として崇《あが》められていくのである。

雷記念日という言葉は『大辞泉《だいじせん》』にも掲載されているので、巷《ちまた》でいわれていること以上の意味を持つであろう。ただし、一般社団法人日本記念日協会には登録されていないようで、六月二六日で検索すると「ツローの日」「露天風呂の日」「世界格闘技の日」「プルーンの日」「スティッチの日」と出てくる。

「ツローの日」は、広島県広島市に本社がある釣用品総合卸商社の「かめや釣具株式会社」が釣りの楽しさを広めるために制定した記念日で、「釣（二）ろ（六）ー」が由来だ。

余談だが、雷は稲穂が実る時期にも多いことから、人々は「雷光が稲を実らせる」と信じていた。結婚して得た伴侶《はんりょ》のことを「つま（夫・妻）」というが、この言葉は「いなづま」が転じたものという。「雷光」と「稲」の密接なつながりを夫婦の仲睦《なかむつ》まじさに喩《たと》えたのである。

財宝は土に埋めない！海賊の本当の「しきたり」とは？

「海賊」といって真っ先にイメージするのは、近世の「海賊の黄金時代」にカリブ海で勢力を誇った海賊たちだろう。

頭にバンダナ、茶色い汚れたダボダボのシャツ、ブーツを履《は》いた大男……。

世界中で大ヒットを飛ばした映画『パイレーツ・オブ・カリビアン』の主人公ジャック・スパロウの格好がまず何よりも思い浮かぶかもしれない。

海賊のこのような典型的な姿は、どのようにして生まれたのだろうか。

実はアメリカの画家ハワード・パイルが一九世紀末のスペインの無法者から着想を得て描いた海賊の姿が由来とされる。

だが、海賊は、中世や近世になってから多く出没するようになったのではない。

人類が船で海へ漕ぎ出していった遠い昔には、すでに発生していたのだ。

海賊の記録がはじめて見られるのは、紀元前一四世紀のエーゲ海と地中海である。

地中海の南に位置する古代エジプトのアメンホテプ三世(在位前一三九〇～一三五三頃)の碑文《ひぶん》には、商船などを襲う者（＝海賊）に対抗するためにナイル川のデルタ地帯に防御を築いたことが記されている。

ナイル川の流域では農作物が育ちにくく、人々は海産物をとることを生業《なりわい》とすることが少なくなかった。

そうなれば〝奪う者〟が出てくるのはいつの時代も変わらない。

海賊たちは岩や入江で待ち伏せし、船を襲った。

太古の時代、船はまだ遠くまで漕ぎ出せない。陸地に近い場所で海賊は掠奪《りゃくだつ》行為をしていたのだった。

私たちはさらに「海賊は奪った財宝を土に埋めて蓄えておく」というイメージを持っているが、これも誤りのようだ。

スコットランド生まれの海賊船の船長キャプテン・キッド（ウィリアム・キッド）はこの限りでないらしいが、海賊は金などを掠奪したあと、ほどなく港に寄り、女と酒に替えるのが一般的だったと伝わる。

土に埋めたとすれば、潮の干満などでどこに埋めたかわからなくなってしまうし、海賊同士が必ずしも仲が良いとは限らない。

波や仲間に奪われてしまう可能性が高いのだ。

「金などを掠奪した」と先ほど書いたが、実際は材木、毛皮、絹、香辛料、龍涎香《りゅうぜんこう》などを奪うケースが多かったそうだ。確かに、中世から近世に掛けての海原を行き来する船が積んでいそうな品々だ。

映画などでは、海賊が敵を殺そうとするときは船から突き出た板の上を海側へ歩かせて突き落とすというシーンが見られるが、これも創作らしい。

実際はこれよりももっと残忍な方法で敵（や仲間）を殺していた。

敵を縄で船底に縛り、沈めたまま航行するというものである。

恐らくこれで〝彼〟は確実に溺れ、あるいはサメに食われるなどして助からないに違いない。

そのほか、海に放り出す、どこかへ置き去りにする、鞭《むち》で打つなどの方法もあったようだ。

KFCのレシピは二四時間態勢で監視されている？

ケンタッキーフライドチキン（ＫＦＣ）の公式ホームページには「SECRET RECIPE（秘伝のレシピ）」と題したページがあるが、そこにはレシピに関する二つの興味深いことがらが記されている。

「レシピを知っているのは世界でたったの３人」

「レシピを守り続けて80年」

まず前者だが、ハーブとスパイスの配合を知っているのは世界でたったの三人だけで、スパイスは複数の工場で数種類ずつ配合され、店舗に向けて出荷される。

各店舗ではそれらをブレンドして、はじめて一一種類のハーブ&スパイスが完成するというわけだ。

なお、ホームページにはその三人が誰なのかは記されていないが、カーネル・サンダースと妻クローディア、そして、ビジネスパートナーのジャック・C・マッシーのことと思われる。

後者では、カーネルがレシピを考案したのが一九四〇年で、以来、八〇年以上にわたってレシピが守られてきたことを記しているが、それとともにこんなことも書かれている。

「アメリカ本部の金庫でレシピは厳重に保管されています。鍵穴が2つあるのは、2つの鍵がないと開かないためです」

ここまでガッチリと守られているとは。

実際、レシピはケンタッキー州ルイビルのヤム・ブランズ（KFCの親会社）の本社にあり、保管庫にはスパイスを記載したリストとともに、実際のハーブとスパイスを入れた一一個のガラス瓶も収められているという。

二〇〇八年、ルイビルの保管庫の改良工事にともない、一時的に別の場所に移されたことはあったが、翌年にルイビルに戻されたレシピは厚さ一・二五センチの鋼鉄の扉で守られた金庫に収められ、金庫を開けるには二つの鍵と二種類の暗証番号が必要だという。

もちろん、そのすべてを一度に入手できる者は誰もいない。

金庫が保管された保管庫は二四時間態勢で監視され、万が一警備が破られた場合は無音の警報装置が作動し、三〇秒以内には警備員が駆けつけることになっている。

世界中のどんな人も、カーネル・サンダース考案のレシピを目にすることはできないのだ。

なお、現実的な話として、完全なレシピを知っているのは役員二人だけのようだが、それが誰と誰なのかは一切公表されていない。

もちろん、役員を降りたとしても、その秘密を口外することは厳禁である。

北極圏の島に設置された「種子の箱舟」って何だ？

北欧の国ノルウェー領のスヴァールバル諸島で最大の島、スピッツベルゲン島。

この島の名前を聞いてピンときた方は、かなりの世界地理通だ。

永久凍土が広がるこの島には「スヴァールバル世界種子貯蔵庫」が設置されている。およそ一〇〇万種の植物の種を保管する貯蔵庫だ。

この貯蔵庫は二〇〇八年に操業を開始した。

デンマーク出身の植物学者ベント・スコウマン氏が提唱し、ビル&メリンダ・ゲイツ財団などの援助を受けて、ノルウェー政府が完成させたものだ。

この貯蔵庫に保管されている種子の種類は当初の約一八万七〇〇〇種から、九三万種にまで増えている(二〇一七年二月現在)。

スヴァールバル世界種子貯蔵庫が設置されたのは、気候の変化や戦争などによって地球が危機に瀕《ひん》したときのため。それでも人類が絶えないように、世界中から農作物の種が集められたのだ。

ロシアがウクライナへ侵攻し、第三次世界大戦がもしも勃発《ぼっぱつ》したなら、核戦争になることは必至。この貯蔵庫の存在は単なる夢物語ではなくなる。

では、なぜこのような永久凍土の広がる北極圏の島に、世界中から集められた種子を保管する貯蔵庫があるのかというと、この島が、一九二〇年に締結された「スヴァールバル条約」によって、スヴァールバル諸島が非武装地帯になっているため。

ここでは、加盟国が自由な経済活動を行って良いことになっているのである。

スヴァールバル諸島は、一六世紀末、オランダ人の航海者ウィレム・バレンツが発見した地で、当時はセイウチ漁などが行われていたが、一九世紀末頃に鉱物資源が発見されたことによって鉱山業者と所有者のあいだで紛争が起こり、法規制が必要になった。スヴァールバル条約が締結されたのはそのような経緯による。

当初、同条約に加盟していたのはデンマーク、フランス、イタリア、日本、スウェーデン、アメリカ、ノルウェーなど一四か国。その後、中国やロシアも批准し、現在は四六か国が署名している（二〇二二年七月現在）。

したがって、日本人であれば、明日からでもスヴァールバル諸島に住むことができるし、仕事をすることもできる。

地域の産業は主に石炭採掘、観光、漁業、調査・研究などである。現在はノルウェー人が多く住んでいる。

なお、種子貯蔵庫を設置したのと同じ理由で、近年、この島には世界各国の貴重なデータを五〇〇年以上保存することを目的とするデータ保管庫が設置されている。

「北極圏の世界アーカイブ（Arctic World Archive）」と名付けられたこのデータ保管庫は「ピクル（Piql）」というノルウェーの企業が主導するプロジェクトで、テキスト、画像、動画、音声などあらゆるデジタルデータに対応しており、最新のセキュリティー対策を施した地下の保管庫に収められるという。

「日本のアトランティス」瓜生島の沈没伝説とは？

かつて、太平洋や大西洋には「アトランティス」や「ムー」と呼ばれる広くて大きな大陸があった。しかし、これらの大陸は、神様が引き起こした地震や洪水によって一夜にして海底深く沈んでしまった……。

世界にはこのようなロマンあふれる伝説がいくつもあるが、実は日本にも似たような伝説がある。

「瓜生島《うりゅうじま》」にまつわるものだ。

瓜生島は、温泉の街として知られる大分県別府市の東にある別府湾にあったとされる。別名を「沖の浜」といった。

別府湾の周辺に残っている伝説によれば、瓜生島には寺社のほか、一〇〇〇軒もの家が立ち、大変なにぎわいを見せていたという。

瓜生島には、代々古老によって言い伝えられてきた戒《いまし》めがあった。

「瓜生島に住む人々は仲良くしなければならぬ。一人でも仲違《なかたが》いする者あれば、島じゅうの神仏の怒りに触れ、島は海中に沈んでしまう。そのあらわれとして、蛭子社《えびすしゃ》の神将の顔が真っ赤になる」（渕敏博「瓜生島沈没伝説」）

ある日、この言い伝えを迷信に過ぎないと考えた男が恵比寿《えびす》様の顔を赤く塗りつぶしてしまった。

その後、しばらくは何も起こらなかったが、一〇日が過ぎた頃、突如大地震に襲われ、一夜にして瓜生島は海の底に沈んでしまったという。

先に引用した「瓜生島沈没伝説」を書いた大分県出身の郷土史家渕敏博氏によると、この出来事は関ヶ原の戦いの四年前の一五九六（文禄《ぶんろく》五）年のことで、「男」とは島の南西端の村に住む加藤良斎という医者で、良斎が一二神将の顔を丹粉《たんぷん》で真っ赤に塗りつぶした翌月（同年六月）のはじめから地震が頻発し、翌月も地震は止まず、やがて大地震が起こったという。生き残った者はたったの七人で、溺死者は七〇〇余人にも及んだと渕氏は記している。

この伝説については、その後、一六九九（元禄《げんろく》一二）年に豊後国《ぶんごのくに》の郷土史家戸倉貞則の『豊府聞書《ほうふききがき》』に記されたが、大地震が発生してから一世紀以上も経ってから書かれたものであり、また、それより前に書かれた文献に瓜生島に関する記述がないことから、瓜生島の沈没伝説は長い間、まさに伝説であり続けていたのだった。

そんななか、一九七七（昭和五二）年、大分大学名誉教授の加藤知弘氏を中心として調査チームが結成され、海底を調査したところ、別府湾の沖合に急に深く沈んでいる箇所があり、そこに大規模な地崩れの跡があることが確認されたのだ。

もしも瓜生島が当時の大分川の堆積物からできた島だとすれば、陸地とは砂州《さす》でつながれ、水分を多く含んだ砂質の島だったに違いない。となれば、東日本大震災のように、瓜生島は液状化に見舞われ、海に沈んだとしてもおかしくはないのだ。

この「慶長《けいちょう》豊後地震」については、イエズス会の宣教師ルイス・フロイスも本国への報告書のなかで述べている。

フロイスによると、この地震によって引き起こされた津波は一四メートルにも達した。砂質の小さな島ならば、なす術はなかったに違いない。

瓜生島が果たして本当に存在したのかどうか……。アトランティスやムー大陸同様、歴史のロマンを感じさせる伝説である。

「室温」「冷蔵」「冷凍」…食パンの保存はどれが正解？

朝は〝パン派〟という方も少なくないだろう。

しかし、一人暮らしの場合、六枚切りならば一週間はそのままにしておかなければならない。

梅雨や真夏は、気付いたら深緑のカビが点々と生えていた、ということも多いのではないだろうか。

そこで、食パンの保存方法について考えてみたい。

状態として思いつくのは「室温」「冷蔵」「冷凍」の三つだが、どれがもっとも良い保存方法だろうか？

基本的には「室温」が正解だ。

パンを美味しい状態に保つためにはある程度の温度と湿度が必要。だから、買ってきて数日で食べ切るなら部屋に置いておく方が良い。

カビが生えないようにと思って冷蔵庫へ入れるのはやめた方が良い。冷蔵庫では温度が低過ぎて、せっかくの柔らかい食パンが固くなってしまうのだ。

では、氷点下の冷凍庫はどうかというと、逆にこれは〝正解〟。

すぐに食べない場合は冷凍庫で保存し、トースターでちょっと長めに温める。冷凍庫にしまう場合は、一枚ずつラップにくるみ、冷凍対応の食品用保存袋に入れて凍らせば良い。

冷凍保存の期間は二週間が目安だ。

ちなみに、冷凍保存ができる意外な食品では、牛乳、ワイン、卵、小麦粉、ニンニク、茹でたパスタなどがある。

卵（全卵）は殻のままではなく、いったん割ってかき混ぜ、製氷トレイや冷凍用の容器に入れて凍らせる。製氷トレイで凍らせれば小分けで使えるので便利だ。

小麦粉も凍らせることによって風味が長持ちするといわれている。

「首相公邸」に残る数々のミステリー

首相（内閣総理大臣）が執務をするのは「官邸《かんてい》」だが、首相が日常生活を送る住まいを「公邸《こうてい》」という。一般的には「首相公邸」と呼ばれている。

首相官邸の説明によれば、現在の公邸は、一九二九（昭和四）年に竣工《しゅんこう》された旧官邸を曳家《ひきや》・改修したもので、二〇〇五（平成一七）年から公邸として使用されている。

旧官邸は歴史的建造物のため、少しずらして公邸用に改修したのだ。主要部分は鉄筋コンクリートの二階建てで、本館の延べ面積は約一五六八坪もある。

一九二三（大正一二）年九月一日に発生した関東大震災で中央省庁の建物が深刻な被害を受けたため、政府は「中央諸官衙《かんが》建築計画」を立案（「官衙」は官庁のこと）。そのはじまりとして築かれたのが旧官邸なのだ。旧官邸が公邸用として改修されたのはこのような理由による。

この首相官邸だが、興味深いことに「弾痕」や「焚き火の跡」が残されている。

これはいったい、どういうことなのだろう？

歴史をたどるとわかるが、それは昭和初期の日本の歴史と大いに関わりがある。

実は、旧官邸は一九三二（昭和七）年の「五・一五事件」と、その四年後の一九三六（昭和一一）年の「二・二六事件」でそれぞれ襲撃され、前者では当時の首相である犬養《いぬかい》毅《つよし》と一人の警察官、後者では首相秘書官と数人の警察官が死亡しているのだ。

弾痕や焚き火の跡は二・二六事件のときのものとされ、焚き火の跡は旧官邸に押し入った兵士たちが寒さのなか、暖をとるために床の上で焚き火をしたときのものといわれている。

このような歴史から、「公邸には幽霊が出る」という噂がいつしか出回るようになった。

つまり、当時の首相や警察官、あるいは彼らを襲い、その後散っていった陸軍の青年将校の幽霊ではないか、というのだ。

二〇一一（平成二三）年に第九五代の首相となった野田佳彦氏は「恐怖体験はなかった」とするものの、「不思議なことが何回かあった」という。

朝、官邸に出勤するため公邸のエレベーターに乗ろうとすると、なぜか屋上階で止まっていることが数回あったというのだ。

家族に聞いても、誰も使っていないという。

幽霊の噂を聞いていた野田氏はポケットマネーで除霊できないかどうか秘書官に訊ねたが、公邸は国の施設のため、除霊は公費負担になるといわれ、諦めたという（参考：時事通信社「【解説委員室から】岸田首相が入居した公邸に幽霊は出るか」）。

しかし、このような不思議な体験をしたのは野田氏に限らない。

ある首相の夫人が池のほとりで白いボーッとしたものを見た、公邸の秘書部屋に泊まった秘書が金縛《かなしば》りにあった、絨毯《じゅうたん》の廊下を何者かがタッタッタッと過ぎていった、などなど。

森喜朗元首相は、後任の小泉純一郎元首相に「幽霊に気をつけるように」と忠告したというエピソードも伝わっている。

なお、暗殺された安倍晋三元首相は、第一次政権では公邸に住んでいたが、二〇一二（平成二四）年一二月に第九六代首相として第二次安倍内閣を率いるようになってからは、東京都渋谷区の高級住宅街・富ヶ谷にある自宅から通い続け、早朝に国会審議などがあるときだけ公邸に泊まった。

安倍氏の後任の第九九代菅義偉元首相も、赤坂の衆議院議員宿舎から通った。

安倍元首相が公邸に住まなかった理由は、自宅の方が居心地が良いからということのほか、昭恵夫人が第一次政権の苦い思い出がある公邸に住むことに難色を示したといい、菅元首相は議員宿舎の方が政権幹部と会うのに便利だからともいわれる（前掲）。

第一〇〇代の岸田文雄首相は公邸に住んでいる。

公邸に首相が入居するのは、先述の野田氏以来、およそ九年ぶりのことである。

失われた「コロンブス航海日誌」その行方とは？

一四九二年、イタリア生まれの航海者クリストファー・コロンブス（イタリア語名はクリストフォロ・コロンボ）は二か月以上におよぶ航海の末、新大陸を〝発見〟した。

コロンブスが第一回目の航海を行ったのは同年八月三日のこと。

コロンブスが乗船したサンタ・マリア号、ニーニャ号、ピンタ号の三隻でパロス港（スペイン南部）を出た。

しかし、西進すれども陸地が見つからない。乗組員たちの叛乱《はんらん》が今にも起ころうかという頃、ようやく島にたどり着く。

それが、現在のバハマ諸島の一つだった。

「サンサルバドル」と名付けられたその島をコロンブスはアジアだと勘違いし、翌年三月、パロス港に帰還した。

コロンブスがスペイン王室に「航海日誌」を献上すると、航海を援助したイサベル女王はすぐさまそれを書き写させ、コロンブスにはコピーを渡した。

そのコピーは「バルセロナ・コピー」と呼ばれるものだが、実はそれ以降、コロンブス直筆の航海日誌は行方不明となってしまっている。

その後、三度も航海を行ったコロンブスだったが（都合四度の航海を実施）、三度目の航海では反感と悪宣伝のためにイスパニョーラ島で監禁され、四度目の航海では度々の暴風雨に遭って探検どころではなかった。

そして、一五〇六年五月、コロンブスは失意のうちにこの世を去ったのである。

オリジナルは失われたものの、航海日誌のコピーは彼の息子フェルナンドの手にわたり、それに基づいてコロンブスの伝記が作られた。

のちにそのコピーも紛失してしまうのだが、歴史家でドミニコ会の修道士でもあるバルトロメオ・ラス・カサスがコピーを読んでおり、『インディアス史』にその概要を書き残した。

コロンブスの偉業が現在まで伝わっているのは、彼の息子フェルナンドとバルトロメオ・ラス・カサスのおかげだ。

航海日誌には、航路が間違っているのではないかといぶかる乗組員をなだめるために航海の距離をごまかして伝えたことや、船上での生活ぶりなどが描かれている。

もしもコロンブス直筆の航海日誌が残っていたならば、一六世紀の世界がもっと詳細に伝えられていたことだろう。

ＮＨＫ「のど自慢」の鐘の基準はどうなっている？

日曜昼の生放送、ＮＨＫの「のど自慢」。

スタートは戦後まもない一九四六（昭和二一）年一月一九日だから、もうすぐ八〇年を迎える。まさに長寿番組の代表格だ。

「のど自慢」は「のど自慢素人音楽会」というタイトルで、ラジオ第一放送で開始された。

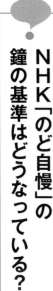

敗戦後の荒廃と混乱のなか、当時の人々の娯楽といえばラジオを聴くことしかなかった。

戦争中は軍歌や行進曲しか流されなかったが、戦後、かつての敵国だったアメリカからはジャズが流入し、新しい歌謡曲もたくさん生まれた。

そこで、当時のプロデューサー三枝健剛氏（音楽家三枝成彰氏の父）が「国民に気持ちよく歌ってもらおう」と企画したのが「のど自慢」だった。

「のど自慢」といえば、合格と不合格を伝える「鐘《かね》」が有名だが、その審査基準はどうなっているのだろうか？

あるチーフ・プロデューサーによると、開催地のＮＨＫの放送部長、東京の芸能番組のプロデューサーやディレクターが審査の責任を持っているという。

当日、彼らは会館の別室に設けられた審査室に入り、テレビ画面を通して審査。その結果を、鐘を鳴らす人に伝えるのだ。

審査の基準は、大きなものとしてはもちろん〝歌のうまさ〟だが、歌唱力、表現力、その人のキャラクターなども含めて総合的に判断されている。

予選会は放送の前日に行われるが、全国を放送会場にしていることから、各地域の魅力を表現できるような参加者の方が予選を突破する可能性は高いらしい。

約一六年八か月、番組の司会を担当した金子辰雄氏は、「のど自慢」が長年続いてきた理由について以下のように述べている。

「それは、単なる歌番組ではないからでしょうね。私は、司会を務めた16年8か月の間、音楽番組だと思ったことは一度もありません。〝ふるさとご紹介〟の番組であり、出場者それぞれの人生が出るヒューマンドキュメントの番組なんです。しかも、毎回、場所も出場者も変わるから、常に新しい番組で、飽きることなんてありません」（「ＮＨＫアーカイブス」ホームページ）

番組の開始当初は、まだ鐘は使われていなかった。

合格の場合は司会者が「おめでとうございます。合格です」といい、不合格の場合は「もう結構です」といっていたのだ。

ところが、不合格の人が「結構です」という言葉を「〝歌の出来〟が結構です」と好意的に捉《とら》えるケースが続出したことから、鐘が使われるようになった。鐘は、スタッフが楽器倉庫の隅から見つけ出したものだそうである。

幸いにも、この鐘の効果は抜群で、合格・不合格がはっきりとわかり、番組の進行においてメリハリがつくようにもなった。

「町中華」のテーブルとのれんはなぜ〝赤い〟のか？

町の人たちに長年愛されている大衆的な中華料理屋を「町中華」と呼ぶ。

安くて美味しく、ボリュームたっぷり。貫禄ある店主やおかみさんがいれば、申し分ない。

そんな町中華の象徴といえば、入り口に掲げられた赤いのれんと店内の赤いテーブルだが、なぜ町中華は赤と関係が深いのだろうか？

これは、じっくりと考えてみれば答えは出てくるかもしれない。

中華料理の祖国、中国では赤（中国語では「紅」）が縁起の良い色だから。商売繁盛を願い、のれんやテーブルを赤にしたようである。

確かに、入り口の上に付けられた店名入りの看板や日差し避けが赤色のことも少なくないし、お一人様用の長テーブルが赤いのは常識である。

張淑倩氏（湘北短期大学非常勤講師）の論文「中国人の色の概念 それぞれの色の持つ文化的意味」には、このようにある。

「赤は漢民族が最も好む色であり、またよく使用する色でもある。漢民族は、古くから赤を好んだ。赤は太陽と火の色であり、太陽と火は人々に光と温暖を与えるので、人々は赤から、幸福や喜び、吉祥《きっしょう》、楽しみ、熱烈を、一方で魔除けを連想し、象徴するものと考えた。そこから発展、発達、成功、順調、成就、生興などの意味を持つようになった。」

張氏は「企業やお店、展覧会開幕や落成式など様々な儀式においても、赤い飾りを施して、発展、成功や順調、円満を祈る」とも記している。

町中華やラーメン屋のなかには「黄色」を使用している（あるいは赤色と併用している）店舗も見受けられるが、張氏によれば、黄色は漢民族がもっとも崇拝している色である一方、「黄色には、（約束などが）おじゃんになる、だめになる、ふいになる、商店がつぶれる、閉店する、信用ならない、あてにならない等の意味もある」という。

余談だが、町中華の店名に「軒」が付くことが少なくないが、この由来は東京の浅草にあった「来々軒《らいらいけん》」にある。

一九一〇（明治四三）年、来々軒は浅草の新畑町三番地で創業した。

創業者は尾崎貫一氏で、横浜の南京町《なんきんまち》から中国人のコック一二人を引き連れてオープンした。

来々軒にまつわる文献は多くあり、「一日何千人かの客を迎へて居る、実に浅草名物」(『読売新聞』)、「來々軒と言へば、其《そ》の名と所在を知ってゐると言ふ全く畸形的《きけいてき》な程、其の存在は有名であった」(『浅草経済学』)などと記されている。

一説によると、正月などの繁忙期には一日で二五〇〇人から三〇〇〇人もの来客があったというからすごい。

超人気店だったのは間違いないが、元祖来々軒は、一九七六(昭和五一)年、後継者がおらず閉店している。

映画字幕の文字数は一秒あたり何文字まで?

戦前の一九三〇年代から続いている外国語映画の「翻訳字幕」。

日本の翻訳家の草分けといえるのが清水俊二氏で、映画翻訳家協会を結成し、一九八八(昭和六三)年に亡くなるまで約二〇〇〇本の映画字幕に関わった。

清水氏に師事した翻訳家の一人が戸田奈津子氏で、一斉を風靡《ふうび》したフランシス・フォード・コッポラの『地獄の黙示録《もくしろく》』や『スター・ウォーズ』(旧三部作)、『タイタニック』

などを手掛け、その業績から「字幕の女王」と称えられている。

戸田氏と肩を並べる存在が、『ロボコップ』シリーズ、『スタンド・バイ・ミー』『セブン』などを手掛けた菊地浩司氏で、実は、映画字幕の基本ルールの一つ、「一秒四文字」を作ったのは菊地氏である。

菊地氏はこのスタンダードなルールを作った理由を以下のように述べている。

「もともと、映画がフィルムで上映されている時代に『フィルムの長さ1フィート（≒約30cm）あたり3文字』というルールがあったんです。しかし、時代の変化とともに、劇場上映用のフィルムだけでなく、ビデオ形式で映像作品が輸入されるようになってきた。するとフィルムの長さを基準にすることはできません。

そこで、1フィート3文字を、1秒あたりに計算し直して基準にすることにしたんです。計算上、4・5文字なのですが、スクリーン上映だけでなくテレビの小さい画面で映画作品を見るなら文字数は少ないほうがいい。そこで、1秒4文字にしようと決めました。当時はビデオに字幕をつけていたのが、うちの会社ともう一社しかありませんでした。そこで、お互いにルールを共有しようと1秒4文字がスタンダードになりました」（リクルート「Corporate Blog」）

「人間は一秒間に四文字までしか理解できない」という説から「一秒四文字」ルールがで

きたという説もあるが、菊地氏のインタビューを読む限り、フィルムの長さから作り出された現実的なルールだったといえる。

このほか、映画字幕を作る際にはたくさんのルールがある。

たとえば、「一行は一六字で二行まで」というルール。

つまり、一つの字幕に収める字数は最大で三二字ということになる。

ただ、映画を見ればおわかりの通り、実際に三二字まで詰められることはない。そんな読みづらい字幕は見たことがない。

「句読点を使わない」というルールもある。読点は半角空け、句点は全角空けで対応している。

そして、映画字幕を作るときにもっとも気を配るのが、「原文のニュアンスを損なわずに、適切な語を探し出すこと」。

俳優がしゃべるセリフを直訳していたら、おそらく全編にわたって字数がオーバーしてしまうはずだ。そのため、翻訳家は普段から知識を身に付ける癖をつけ、語彙《ごい》を増やす努力を怠らないらしい。

映画字幕の日本語の翻訳を外国人監督がチェックすることも珍しくはない。

スタンリー・キューブリックは完璧主義者で、ベトナム戦争をリアルに描いた『フルメタル・ジャケット』において、最初の翻訳を「表現が柔らか過ぎる」として気に入らず、その時期にハリウッドにいた映画監督の原田眞人氏が急遽《きゅうきょ》翻訳を担当したというエピソードが伝えられている。

インターネットがまだ普及していないこの時代、原田氏は毎晩のようにキューブリックと直接電話で連絡し、翻訳していったそうだ。キューブリックが亡くなった今から考えると、なんとも羨《うらや》ましい仕事に思える。

世の中は数値化流行り！ビールの「SRM」って何？

現代の世の中は「数値化」が流行っている。

特に顕著なのはMLB（メジャーリーグベースボール）で、今やすべてのチームが、全選手の能力を細かく数値化する「セイバーメトリクス」を採用。統計学を用いた手法で独自に選手を評価している。

また、MLB専門チャンネルの「MLBネットワーク」が画期的なテクノロジーを用いて導入した「STAT CAST（スタットキャスト）」は、投手の場合であれば、球の速さはもちろんだが、球の回転数、球の傾き、投球時のリリースポイントまでバッチリ数値化され、打者の場合は打球の速さ、打球の角度が一目瞭然だ。

ボールを追尾するレーダーを用いたのが「トラックマン」で、近年では日本人投手が導入して自分の投げるボールを確認している。

ビールの世界にも、数値化されているものがある。「SRM」がそれだ。

SRMは「Standard Reference Method」の頭文字をとった言葉で、「ビールの色」を数値化したものだ。

完成後のビールあるいは麦芽《ばくが》の色を表現するときに使う。

一九五〇年、米国醸造化学者学会が定めたもので、いわゆるアメリカ式の数値。ヨーロッパ式の数値は「EBC (European Brewery Convention)」といい、SRMの一・九七倍がEBCの数値になる。

SRMは、数値が低いほど明るく、四〇に近いほど黒になる。

したがって、四〇以上の場合、ほぼ黒ビールなので、実質最大が四〇として間違いない。

このSRMの数値から考えると、二~七ならピルスナー、二~四なら小麦系ビール、五~一四ならペールエール、一一~一八ならアンバーエール、一二~二二ならブラウンエール、三〇～六五ならスタウトと呼ばれる。
なお、この範囲に規定はないようで、ブルワリーや団体ごとに異なる数値を用いることがある。

天才、秀才、鬼才 一番〝頭がいい〟のは誰？

「天才《てんさい》アルベルト・アインシュタイン」「秀才《しゅうさい》マリ・キュリー」「鬼才《きさい》デヴィッド・リンチ」

アインシュタインは「二〇世紀最高の物理学者」と称《たた》えられる理論物理学者、キュリーはノーベル賞にも輝いた化学者・物理学者、リンチは『イレイザーヘッド』『マルホランド・ドライブ』『ツイン・ピークス』シリーズでおなじみの映画監督である。

この三人はいずれも〝天才〟と呼ぶにふさわしい人物だが、形容されている人物から推測するに、天才は「トータル的な頭の良さ」、秀才は「学力的な頭の良さ」、鬼才は「芸術的な頭の良さ」に特化して使われている節がある。

頭の良さを表す形容詞として、右記のように「天才」「秀才」「鬼才」が挙げられるが、辞書的に意味の違いはあるのだろうか？　また、どれがもっとも〝頭が良い〟のだろうか？

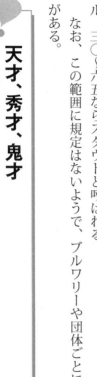

意外だが、実は三つのなかでもっとも頭が良いのは、鬼才だ。
辞書にはこのようにある。
「人間とは思われないほどのすぐれた才能。また、その持主。」『日本国語大辞典』
「人間とは思えないほどの鋭い才能。また、その持ち主。『映画界の鬼才』」『大辞泉』
「人間わざとは思われないすぐれた才能。〔南部新書、丙〕李白《りはく》を天才絶と為し、白居易《はっきょい》を人才絶と為し、李賀《りが》を鬼才絶と為す。」『普及版 字通』
つまり、鬼才は〝人間を超えた存在〟なのだ。三番目の解説にあるように、「鬼才」という称号は中国の唐代の詩人を評したこの一文に出てくるもので、「鬼才」とはもともと李賀のことを指していったのである。
中国文学者の駒田信二氏は李賀の特徴として「非凡な詩想」「華麗な詩形」「古代の神話的な世界」を挙げている。李白、白居易、杜甫《とほ》のように有名ではないが、芥川龍之介《あくたがわりゅうのすけ》や泉鏡花《いずみきょうか》は李賀を好んでいたとされる。

「平」「源」にはなぜ名前の前に「の」が入るのか？

平清盛、源頼朝、菅原道真、小野妹子、蘇我入鹿、阿倍仲麻呂、坂上田村麻呂。

さて、右記の歴史人物のすべてに共通していることがある。それはいったい何だろうか？

答えは、「名前の前に『の』が入っている」ことだ。

「たいら〝の〟きよもり」「みなもと〝の〟よりとも」「すがわら〝の〟みちざね」「おの〝の〟いもこ」「そが〝の〟いるか」「あべ〝の〟なかまろ」「さかのうえ〝の〟たむらまろ」と、全員、名前の前に「の」が付いている。

ところが、である。

頼朝と同時代に生きた妻の北条政子《ほうじょうまさこ》、武将の梶原景時《かじわらかげとき》、鎌倉幕府第八代執権の北条時宗《ときむね》などは名前の前に「の」が入っていない。「ほうじょう〝の〟まさこ」とはいわないのは、日本史を勉強した人なら常識だ。

では、なぜ頼朝たちは「の」が入っていて、政子には「の」が入っていないのだろうか？

簡単に述べれば、「苗字（名字）のような『源』と『北条』が、実は違う性質を持つものだから」である。

平清盛や源頼朝は、天皇の子どもや孫のうちで、平氏《へいし》や源氏《げんじ》という「氏《うじ》」をもらった人の子孫にあたる。

平氏には桓武《かんむ》天皇系統の「桓武平氏」や仁明《にんみょう》天皇系統の「仁明平氏」など四系統が、

源氏には清和《せいわ》天皇系統の「清和源氏」（清和天皇の子の陽成《ようぜい》天皇から分かれたという説もある）、嵯峨《さが》天皇系統の「嵯峨源氏」など多くの系統がある。

これにあてはめてみると、平清盛は桓武平氏、源頼朝は清和源氏の系統にいるわけだが、氏には朝廷での格を示す「姓《かばね》」というものが付く。

姓は天武《てんむ》天皇の時代の六八四（天武一三）年に「八色《やくさ》の姓」としてまとめられ、制定された。その八級とは「真人《まひと》」「朝臣《あそん》」「宿禰《すくね》」「忌寸《いみき》」「道師《みちのし》」「臣《おみ》」「連《むらじ》」「稲置《いなぎ》」である。

たとえば、真人は継体《けいたい》天皇以降の天皇の子孫に、朝臣は天皇家から分かれて臣籍《しんせき》にくだった諸氏に、忌寸は渡来系の氏族に、道師は技芸を世襲する氏族に与えられた。

これより考えると、平清盛は「平朝臣《あそん》清盛」、源頼朝は「源朝臣頼朝」となる。氏、姓、名前で一つの正式名となるのだ。また、このような氏は、慣例的に格助詞「の」が付けられた。

では、北条や足利《あしかが》に「の」が付かないのはなぜだろうか？

これらは、氏ではない。彼らの先祖が住んだ場所や支配した土地の名前なのだ。北条は伊豆、足利は足利荘（現在の栃木県足利市の一帯）から取られたものである。

平安時代から室町時代にかけて、たとえ親や兄弟であっても、支配した領地が異なれば呼び名が異なることは珍しいことではなかった。

いうなれば、「この土地は自分の領地だ」とアピールするために、その土地の名前を自分に冠したといえる。

ただ、この時代はまだ、現在のように法的に名前が決められるものではないから、たとえば足利尊氏《たかうじ》の場合、朝廷における正式な名前は「源朝臣尊氏」で、通称を「足利又太郎《またたろう》」といった。

時は下り、明治時代。一八七一（明治四）年一〇月、公文書などで氏や姓の使用を表記できないとする「姓尸不称令《せいしふしょうれい》」が出され、「苗字」と「実名」の二つの要素で名前を構成することになった。現代と同じ、苗字と名前の時代になったのである。

ちなみに、元首相の細川護熙《もりひろ》氏は「源護熙」と署名することがあったそうだ。

これは、細川氏が旧熊本藩細川家の第一八代当主だったことに由来するものだろう。細川家は清和源氏足利氏の支流だからである。

食べないのはもったいない、焼き鮭の皮は実は栄養満点！

食卓や弁当などで食べることが多い「焼き鮭」。

あの甘じょっぱい味付けで、ご飯が進む。

そんな焼き鮭には必ず皮が付いているが、皆さんはその皮、「食べる派」？「食べない派」？どちらだろうか。

実は、焼き鮭の皮には「フィッシュコラーゲン」という良質なコラーゲンが含まれている。皮の下はちょっとヌメっとしているが、そこにもＤＨＡやＥＰＡといった、中性脂肪やコレステロールを減らしてくれる栄養素が含まれている。

さらに、鮭の皮にはビタミンＡ、Ｂ１、Ｂ２、Ｄ、Ｅなどのほか、カルシウムも含まれている。

確かに、焼き鮭の皮の〝コンディション〟は重要だろう。皮を食べない派の人は柔らかい皮の食感が苦手なはずだからだ。

鮭を焼く前に塩を少々振りかけ、一〇分ほど置いてから、出てきた水分をキッチンペーパーで拭き取ってあげれば、臭みが取れ、美味しい焼き鮭に仕上がる。

ちなみに、皮は見た目が油っぽいのでカロリーが高いように思えるが、実際は約七〇キロカロリーほどしかない。

また、いくら美味しいからといって食べ過ぎも禁物のようで、皮に多く含まれるＤＨＡやＥＰＡといった「オメガ３脂肪酸」は、加熱すると過酸化脂質に変化し、血液を凝固させてしまう効果があるそうだ。

食べるのは体に良い面もあるが、皮の食べ過ぎには気をつけていただきたい。

「くしゃみの速度は新幹線よりも速い」はホントか？

昔からよく披露されている雑学の一つに「くしゃみの速度は新幹線よりも速い」というものがある。

つい最近も、テレビ番組で某芸能人が自慢げに話しているのを見たばかりだ。

では、実際のところはどうなのだろう？

新幹線の速さは、現在、日本でもっとも速いとされているのは東北・秋田新幹線の「はやぶさ」と「こまち」で、最高速度は三二〇キロ。

東海道新幹線の「のぞみ」は最高速度二八五キロ、山陽・九州新幹線の「みずほ」は最高速度三〇〇キロとされている。

なお、一九六四（昭和三九）年一〇月一日にデビューした東海道新幹線の「ひかり」は、当時の最高速度は二一〇キロだった。

これより考えると、くしゃみの速度は遅くとも二一〇キロ以上となるが、はたしてそんなに速いのだろうか。

率直に述べれば「くしゃみの速度は新幹線よりも速い」は誤りといえる。

呼吸器内科医の倉原優氏の報告によると、「くしゃみの速度が速い」とされる理由は「ウェルズ氏」という科学者の報告がもとになっており、そのとき三六〇キロと推定されたことによる。ウェルズ氏は結核が空気感染することを証明した呼吸器内科学の偉人の一人という。

ところが、ウェルズ氏が推定したくしゃみの時速は実測ではなく推定値であった。

彼の主張はとてもセンセーショナルなものだったため、後々まで一人歩きしていったようだ。

その後、二〇一三年、一つの論文が発表され、成人被験者六人の複数サンプルを用いたところ、最大で時速一六・二キロとされた。この実験によれば、くしゃみの速度は平均的な自転車の速度でしかなかったことになる。

余談だが、「ライトニング」の愛称で呼ばれたジャマイカ出身の元陸上選手ウサイン・ボルトの最高速度は四四・六キロ、オリンピック短距離選手の平均速度は三五・四キロ、歩行者の平均速度は四・八キロである。

動物では、チーターが一一二・七キロ、オオカミが五六・三キロだ（出典：「How Usain Bolt's top speed compares to Michael Phelps ,a cheetah , and more」）。

また、アメリカの「ディスカバリーチャンネル」の人気番組「怪しい伝説」で、実際にくしゃみの速度を測ったことがあるが、そのときは五六キロや六三キロという結果が出ている。

先述の二〇一三年の論文の一六・二キロよりははるかに速いが、それでもなお新幹線の速さには遠くおよばないのは明らかである。

なぜヤモリは壁を登ることができるのか？

日本では昔から家に住み着き、害虫を食べてくれる「ヤモリ」。このようなありがたい性質から「家守」や「守宮」などの漢字があてられてきた。

ヤモリの特徴といえば、家の壁やガラス窓、天井などを自由自在に歩き回る俊敏性だ。スルスルッと天井を走る姿からは感動すら覚える。

紀元前四世紀の世界を生きた古代ギリシャの哲学者アリストテレスも「どんな体勢でも、

たとえ頭を下に向けていても、木を駆け上ったり下りたりできる」とヤモリを観察して書いている。

ヤモリは南極以外のすべての大陸に生息する身近な小型爬虫類で、昔から人々とともにあったが、「ヤモリがなぜ壁を難なく登ることができるのか」という謎が解明されたのは、実はつい最近のことである。

これまで、ヤモリの四本の足にある五本指が鉤《かぎ》のようになっており、壁の細かな凹凸にその鉤を引っ掛けて登り下りするのではないか、などと考えられていたが、ヤモリが壁を登ることができるのは「ファン・デル・ワールス力《りょく》」であることがわかったのだ。

アメリカ合衆国のオレゴン州北西部にあるポートランド市の近郊にあるルイス&クラーク大学のケリー・オータム博士（生体工学教授）らがヤモリの足指の謎を解明したのは、なんと今からたった二十数年前の二〇〇〇年のことだった。

ヤモリの指の裏には「趾下薄板《しかはくばん》」という器官がある。この器官の表面にはマイクロメートル（一〇〇〇分の一ミリ）という極小だが太い毛が生えている。

加えて、これらの太い毛の先はナノメートル（百万分の一ミリ）の大きさの細い毛に枝分かれしている。

トッケイヤモリの場合、一本の足には太い毛が約五〇万本、枝分かれした細い毛が一〇〇～一〇〇〇本生えている。

一匹で換算すると、約一〇億本もの細い毛を持っていることになる。

なお、細い毛の先は真っ直ぐではなく、スプーンのような楕円形になっており、壁や天井に張り付きやすい仕組みである。

さて、「ファン・デル・ワールス力」だが、一言でいうと「分子と分子のあいだに働く引力《いんりょく》」のことだ。

この力は二つの物体の距離が二ナノメートル以内になると働くというから、ごくごく微小な引力なのだろう。

つまり、ヤモリの指の裏にあるナノメートルという極細の毛と壁の表面の凹凸が接することによってファン・デル・ワールス力が生じ、その力でヤモリは自由気ままに壁などを行き来できるというわけだ。

「ヤモリは化学の力で壁を登っている」といえるかもしれない。

このヤモリのファン・デル・ワールス力の仕組みを利用した〝ヤモリテープ〟が世界中で製作されている。

日本では日東電工が開発に成功している。

同社は、ヤモリの極小の毛をカーボンナノチューブで人工的に作り出し、「よくくっつき、簡単に剥《は》がせるテープ」を実現させている。

このテープは右記の性能から、宇宙空間や極地など、極低温や特殊な空間での実用化が期待されている。

缶詰をはじめて作った人物「ニコラ・アペール」の正体とは

そのままで酒のつまみになる「缶つま」が流行りである。

素材を重視し、ちょっと贅沢《ぜいたく》なメニューはコロナ禍で〝家飲み〟が定着した現代にとてもマッチしたのだろう。

缶詰は、実はフランス皇帝ナポレオン・ボナパルトと関係が深い。

一八〇四年、国民投票によって皇帝となり、ナポレオン一世と称した彼はイギリス、オーストリア、ロシアなどと戦い、やがてヨーロッパ大陸のほとんどを治めることになるが、外国遠征に明け暮れるナポレオンにとって重要だったのは栄養豊富で新鮮、そして美味しい兵士のための食糧を確保することだった。

毎回の食事は兵士の士気に直結する。

しかし、当時は食糧の貯蔵といえば塩蔵《えんぞう》、薫製《くんせい》、酢漬けが中心で、不味《まず》く、腐敗してしまうことも多かった。

そこでナポレオンは、総裁政府に軍用の食糧貯蔵法の研究を要求したのである。彼の依頼を受けた総裁政府は、貯蔵方法に関してさっそく公募を開始。それに応募した一人が、同国の菓子職人ニコラ・アペールだった。

アペールはナポレオンが皇帝に就いたのと同じ年、ガラスびんのなかに食べ物を入れ、密封し、加熱殺菌して保存する新しい食糧の保存法を発明していたのだ。

アペールは、一七四九年、パリの東約一三〇キロのシャロン・シェール・マルヌの生まれ。漬物業、菓子製造業、醸造業などを経験していた。

アペールの保存法は、広口びんに調理しておいた食品を詰め、コルク栓をゆるくはめる、次に湯せん鍋に入れて沸騰点において三〇～六〇分加熱し、びんの空気を駆除したあとにコルク栓で密封するというもので、一八〇六年、この貯蔵法が施された数種類のびん詰めを船に積み込み、赤道を横断して輸送試験を行なったところ、船長や海上提督から極めて高い評価が得られたのだった。

当時のフランスの新聞「ヨーロッパ通信」（一八〇九年二月一日付）には以下のような記述が見られる。

「アペールは季節を容器に封じ込める技法を発見した。この技法を使えば、季節に関係なく、春夏秋がびんの中で訪れ、農産物が畑のある状態で保存できる」

その後、アペールは一万二〇〇〇フランの賞金を授与され、その研究結果をまとめた『全ての家庭への本 すなわちあらゆる食品を数年間保存する技術』が出版された。著書はすぐにドイツ語、英語、スウェーデン後に翻訳された。

この本が出版された二か月後には、イギリスのピーター・デュランドがブリキ缶による食品の貯蔵法などで特許を取得している。

これより考えると、ニコラ・アペールは「缶詰の祖」というよりは「びん詰めの祖」あるいは「食糧保存の祖」と呼んだ方が適切かもしれない。

デュランドが発明した品は「チン・キャニスター（Tin Canister）」というが、これが省略されて「キャン（Can）」となり、日本に入ってきたときに「かん（缶）」と音訳されたといわれている（参考：日本製缶協会ホームページ「製缶技術の変遷・金属缶の歴史」）。

なお、缶詰が日本に入ってきたのは明治維新間もない一八七〇（明治二）年のことで、その二年後に長崎出身の実業家松田雅紀が作った「イワシの油漬け」が日本初の缶詰とされる。

松田は長崎の広運館でフランス人教師デュリーから缶詰の製造技術を学び、日本ではじめて缶詰を製作。その後、県の缶詰試験所の設立に尽力し、松田缶詰製造所を経営している。

松田が缶詰を学んだのがアペールの祖国フランス出身の人物からだったというのが興味深い。「缶詰はフランスが発祥」ともいえる。

ピカソは『モナ・リザ』を盗んで逮捕されたことがある？

広い額、真っ直ぐな鼻筋、ふくよかな体つき、そして、落ち着いた雰囲気をたたえた微笑み……。

『モナ・リザ』はルネサンスの巨匠レオナルド・ダ・ヴィンチがこの世に遺した畢生《ひっせい》の傑作だ。

現在はフランスの国有財産で、パリのルーヴル美術館に所蔵されている。『モナ・リザ』はアートの世界でもっとも有名な女性である。

現代に伝わる『モナ・リザ』の名声が世界的に高まりを見せたはじまりは、一九一一年八月にルーヴル美術館から盗まれたときかもしれない。

『モナ・リザ』をスケッチしに来館した画家が、壁にあるはずの『モナ・リザ』がないことに気付いたのだ。

事件発覚後、パリの各紙はこの事件を大々的に報道し、警察も国家の威信をかけて犯人逮捕に尽力した。

そんななか、捜査線に浮上した一人の画家がいた。

若き日のパブロ・ピカソだった。

やがて世界の巨匠と称えられるピカソは、この当時、二九歳。

四年前の一九〇七年にキュビスム革命の発端となる名画『アヴィニョンの娘たち』を完成させていたとはいえ、世間的にはまだまだ無名の画家だった。

なぜピカソは『モナ・リザ』盗みの〝容疑者〟になったのか？

かつてピカソはある人物から古いイベリア彫刻を購入したことがあった。

その彫刻は実は盗品だったのだが、それをピカソに売った人物が『モナ・リザ』盗みの容疑者となったことから、ピカソも疑いをかけられてしまったのである。

幸い一週間で釈放されたピカソだったが、逮捕当時、ピカソはパニック状態に陥り、泣き叫ぶほどであったと伝わる。

なお、『モナ・リザ』盗みの真犯人はルーヴル美術館に勤めていたイタリア人のガラス工だった。

彼は『モナ・リザ』を自宅で保管していたが、二年後の一九一三年一二月、作品を持ち続けることに耐えられなくなったのだろう、母国のフィレンツェで売ろうとしたところをディーラーに怪しまれ、警察に通報されて逮捕された。

その後、彼には禁固七年の判決が言い渡されている。

一方、彼が盗みを働いたのは彼のアイデアではなく、その背後には詐欺師がいたらしい。詐欺師は『モナ・リザ』を盗み出させておきながら、顧客には偽造した『モナ・リザ』を売り付けていたのだという。

名画の盗難事件は『モナ・リザ』に限らない。

二〇〇四年八月、ノルウェーのオスロにある「ムンク美術館」に目出し帽を被り武装した二人組が白昼堂々館内に押し入り、『叫び』と『マドンナ』を盗み出すという事件が起こっている。

犯行時間はなんと五〇秒だった。

二年後、この二つの作品は発見されたが、破損された状態だった。

二〇一〇年五月にはピカソ、アンリ・マティス、ジョルジュ・ブラック、アメデオ・モディリアニ、フェルナン・レジェの五作品が盗まれている。

被害総額は一億ユーロ（約一二〇億円）に達した。

この事件を起こした犯人は、当初はレジェの『燭台《しょくだい》のある静物』のみを盗むつもりだったが、警報装置が故障していることを逆手に取り、ほかの四作品もついでに盗むことにしたのだった。

なお、犯人は二〇一七年に逮捕され収監（禁固八年）されたが、作品は発見されていない。

ヒッチコック好きならすぐわかる、「三月一五日」はいったい何の日？

皆さんは、もうすぐ春休みを迎える「三月一五日」は何の日か、おわかりだろうか。

正解は「サ（三）イ（一）コ（五）」、「サイコの日」である。

「サイコ」といえば、映画界の巨匠アルフレッド・ヒッチコックの代表作『サイコ』にほかならない。

この「サイコの日」は、二〇一三（平成二五）年四月に映画『ヒッチコック』が公開されることを記念して、映画の配給元である「20世紀フォックス映画」（現在の「20世紀スタジオ」）が制定した。

ヒッチコックを称えるとともに、もちろん、映画を広くアピールするためのものだ。『サイコ』の公開は一九六〇（昭和三五）年だから、すでに六〇年以上も経っている。しかし、いまだに人気は衰えず、スタイリッシュな映像美は今見ても新鮮だ。

すでにサスペンスの古典になっている『サイコ』だが、原作は実際に猟奇事件を起こしたエド・ゲインを描いた作品（書籍名も映画と同じ『サイコ』）だし、脚本には当時としては衝撃的な殺人・性描写が含まれている。

そのため、配給元のパラマウント・ピクチャーズはヒッチコックが監督する『サイコ』に期待を寄せていなかった。

ヒッチコックがその直前に携わった二作品で損害を被《こうむ》っていたことも、配給元が『サイコ』を良く思わなかった要因の一つだった。

しかし、ヒッチコックはこの映画に期すものがあったに違いない。

「二十五万ドルの監督料はあとでもいいから、そのかわりネガの六十％の所有権をよこせ」（スティーブン・レベロ著／岡山徹訳『アルフレッド・ヒッチコック＆ザ・メイキング・オブ・サイコ』白夜書房）と主張し、交渉を成功させたのである。

『サイコ』といえば、モーテルのシャワールームでマリオン（ジャネット・リー）がノーマン・ベイツ（アンソニー・パーキンス）に殺されるシーンが有名だ。映画開始から三〇分を過ぎた頃のシーンである。

ヒロインなのに前半で殺されてしまうというプロットも当時としては画期的で、ヒッチコックが映画を観た人に「（あらすじを）口外しないように」とお願いしたのは、ヒロインが全編にわたって出てこないことに対する観客の不満を少しでも抑えようとしたためといわれている。

そして、このシャワールームの殺人場面だが、全編モノクロームという映画の特徴を逆手に取り、血のりには〝最新の素材〟を選びぬいた。

「ハーシーのチョコレート」である。

「『チョコレートのシロップと押せばつぶれるプラスチックのボトルを組み合わせて作ったのをシャスタというんです』。バロンは、ヒッチコックの要求にこたえた解決法をふりかえって笑いながらこういっていた。『あれは「プラスチック・エクスプロージョン」ができる前の話でしたから、かなり画期的だったんです。それまでは、映画ではハーシーのチョコレートをつかっていましたけど、スクイズ・ボトルというプラスチックのボトルをつかうともっといろんなことができたんです』」（前掲）

アイデアは身近なところに転がっているのかもしれない。

なぜ日本では〝バックで駐車〟があたりまえなのか？

皆さんはスーパーマーケットやコンビニなど、外出先の駐車場に車を停めるとき、車を「前向き」「後ろ向き」、どちらに駐車するだろうか。

おそらく「後ろ向き」に駐車することが多いのではないだろうか。自動車学校でも、縦列駐車を学ぶときはそのようにしている。

なぜ日本では〝バックで駐車〟があたりまえになっているのか？

大きな理由は「日本の国土の狭さ」にある。

日本では一台あたりの駐車スペースが狭い。隣の車との距離も近いし、面する通路も狭いことこの上ない。

このような駐車スペースにあって前向きに駐車してしまうと、帰るときに車を出しにくくなる。

駐車に慣れていない初心者であれば、何度も切り返しをするうちに、もしかしたら隣の車を傷つけてしまうかもしれない。

そんなときでも、後ろ向きに駐車していれば車を出すときにスムーズになる。

このことは車の構造から説明できる。

車の方向を変えるのは「前輪」だが、もしも前向きに駐車してしまうと、駐車スペースから完全に出すことができてからしか、車の方向を変えることができない。

対して、後ろ向きに入れていれば、車は発進した直後から方向を変えることができるのだ。

外国では、土地が比較的広く使えるアメリカではバック駐車が推奨されていることはあまりないようで、日本と状況が似ているシンガポールや香港では、バック駐車が多いらしい。

なお、駐車スペースが極めて限られているコンビニや店舗では「前向き駐車でお願いします」との断り書きが掲げられていることも少なくない。

このような場合は、素直に前向き駐車をしてあげたい。

コンビニや店舗がこのような断り書きを掲げているのは、隣接する民家などに配慮しているからだ。

バック駐車の際に出る車の音などをなるべく出させないための工夫である。

意外と知らない、歌舞伎の興行はなぜ松竹？

すべての歌舞伎役者は「松竹《しょうちく》」という演劇・映画の製作・興行を手がける会社の傘下にあるといっても言い過ぎではないが、歌舞伎役者と松竹との関係性は、一般的なタレントが芸能プロダクションと結んでいる契約とは少し異なる。

後者が専属契約を結んでいるのに対し、歌舞伎役者と松竹が結んでいるのは、歌舞伎の興行に関する仕事が主である。

つまり、歌舞伎役者は松竹と専属契約を結んでいるわけではないのだ。

歌舞伎役者のなかには、テレビや映画の仕事に関しては大手の芸能プロダクションを通して行っていることが少なくない。

なぜ、歌舞伎の製作・興行は松竹の〝独占〟になったのか？

「松竹」のホームページによると、話は一八九〇（明治二三）年までさかのぼる。

この年、京都は祇園《ぎおん》にあった祇園館という劇場に、当代一の歌舞伎俳優、九代目市川團十郎が出演し、上方の花形俳優、初代中村鴈治郎《がんじろう》が共演した。

のちに「劇聖」と称えられた九代目市川團十郎が出演するとあって、この舞台は大きな話題となったが、固唾《かたず》を飲んでこの芝居を観ていた双子の少年がいた。

祇園館で売店の手伝いをしていた白井松次郎と大谷竹次郎だ。彼らは双子である。

そして、彼らこそ、松竹の創業者なのだ。

竹次郎はのちにこのように語っている。

「芝居というものに私が一生を捧げて悔いない気持ちになったのは、あとで考えてみると、14の年の正月に祇園館の團十郎、鴈治郎の舞台を見てからだ」

やがて彼らは家業の芝居小屋の売店の経営に飽き足らず、歌舞伎を主にした演劇の興行を自分たちの手で行うようになる。

一八九五（明治二八）年、竹次郎は阪井座《さかいざ》（現在の京都松竹阪井座ビル）の興行責任者となるが、現在、この年が「松竹の創業の年」と定められている。

その後も二人は歌舞伎の興行を次々に打ち、一九〇二（明治三五）年、兄弟の名前にちなんで「松竹合資会社」を設立。「松竹」の名前の由来が松次郎と竹次郎にあったというのが興味深い。

松竹梅から取られた「松竹」だとずっと思っていたのは私たちだけではないだろう。

京都でもっとも歴史のある南座の経営権も、その後獲得した。

二人は以降も、大阪道頓堀の劇場、東京の新富座《しんとみざ》を買収。一九一三（大正二）年には、当時すでに日本を代表する劇場であった歌舞伎座の経営権を獲得している。

このように、日本の劇場を次々と傘下に収めていった松竹は、一九二九（昭和四）年には大劇場の歌舞伎公演はすべて担うという立場になっていく。

歌舞伎役者と松竹の緩やかなマネジメント契約は、この頃から確立されたといえる。

世界の「不吉な数字」集めました！

古くから日本では「4」と「9」が「不吉な数字」として忌《い》み嫌われてきた。「四苦八苦《しくはっく》」という四字熟語があるが、これに加えて、「4」は「死」、「9」は「苦」を表すからだ。

特に「死」を連想させる「4」という数字は避けられる傾向にあり、病院の部屋番号に「4」を付けるところはほとんどない。

「4」は日本の隣の国、中国でも忌み嫌われる数字のようで、同じ漢字文化圏であるがゆえに「死（si）」を連想させることから避けられているのだという。

中国ではビル、マンション、ホテルなどに「4階」や「14階」がないところも多いと聞く。

欧米同様、「13」も縁起が悪い数字とみなされている。

「13」ないし「13点」（中国では「13時」の意味）という言葉は「間抜け」や「馬鹿」と同義とされている。

時間（時計）は「12点（12時）」までしかないのに、「13点」では右に一つ傾いてしまう。そんな姿から「間抜け」な性格の人が連想され、やがて忌み嫌われる数字になったと想像される。

主に欧米で「13」が嫌われている数字であるということは良く知られているところだ。

１９８０年公開のアメリカ映画『13日の金曜日』は、ホッケーのマスクを被った殺人鬼ジェイソンのインパクトもあって世界的に大ヒットを飛ばした。この映画の影響から、「13」が不吉な数字であるという印象も世界に広まった。

なぜ欧米で「13」が嫌われているのかについては諸説あり、イエス・キリストが処刑された日が13日の金曜日だったという説や、60進法との関連で「不調和な数」（13では1余ってしまうから）であるとみなされたという説がある。

キリスト教圏での不吉な数字といえば「６６６」が有名だ。

こちらも、１９７６年公開の映画『オーメン』の影響が大きく、頭に「６６６」のアザを持った悪魔の子ダミアンもジェイソン同様、〝悪のヒーロー〟として有名だ。「６６６」は「ヨハネの黙示録」において、終末に現れる「獣（ルシファー）」が堕落《だらく》した人々に刻印する「獣の象徴」である。

インドでは「26」が不吉な数字であるらしい。

これは昔からの話ではなく、現代に作られたもののようで、26日に災害が起こることが多いことによる。以下、挙げてみよう。

２００１年１月26日　グジャラート州（インド西部）で大地震。死者は約６０００人以上（最終的には約２万人が死亡と推測）。

２００４年12月26日　スマトラ島沖地震による大津波。死者・行方不明者の総数は約23万人。

２００７年５月26日　アッサム州（インド北東部）の産婦人科病院近くで大爆発。少なくとも７人が死亡、20人以上が負傷した。

２００８年11月26日　ムンバイで同時多発テロ。初期報道によれば、日本人１人を含む１０１人が死亡、２８７人が負傷した。

余談だが、東欧の国ブルガリアでは「『０８８８ ８８８ ８８８』という携帯番号を持った人は10年以内に死ぬ」という都市伝説がある。

過去にこの番号を割り当てられた人物が相次いで亡くなったことによるもので、以来、ブルガリアの通信会社ではこの数字が永久欠番になっているといわれる。

なお、この項目は数字が多く出てくるため、算用数字を用いたことをおことわりしておく。

御徒町が「日本最大級の宝飾専門街」になったのはなぜ？

東京都台東区、JR御徒町《おかちまち》駅と西側の上野広小路《ひろこうじ》の商店街周辺を「御徒町」と呼ぶ。江戸時代、将軍が外出するときに行列の先導や警護のため徒歩《かち》でお供をした「御徒衆《おかちしゅう》」の屋敷があったことから名付けられた地名だ。

御徒衆は、御徒町のほか、仲御徒町、練塀町《ねりべいちょう》、松永町などにもおよんだ。

JR御徒町駅周辺には宝飾品の小売や卸売の店舗がたくさんあり、「日本最大級の宝飾専門街」といわれるが、なぜ御徒町は〝宝飾の街〟になったのか？

御徒町の〝宝飾の街〟の起源も、実は江戸時代にある。

当時、この地域には上野寛永寺《かんえいじ》や浅草寺《せんそうじ》をはじめ、数多くの寺社が点在していたため、

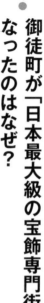

仏具や銀器の飾り職人も多く住むようになった。

一方、浅草寺の裏に吉原《よしわら》があることでもわかるように、この地域には色街も少なくなかった。

吉原、浅草、柳橋《やなぎばし》、黒門町《くろもんちょう》、湯島《ゆしま》、根津《ねづ》。

色街が多いということは、女性も多いということである。女性が身を着飾るかんざしや帯留めの需要も高かった。

この流れは明治維新を経ても変わらず、明治半ば以降、宝飾、特に指輪を製作・加工する業者が集まってくる。

第二次世界大戦後には、上野で米兵が時計やアクセサリーを売買するようにもなった。このとき開かれた青空マーケットが発展し、現在の「アメ横」が形成されるようになったのだ。

一九五六（昭和三一）年に時計関連卸一一社による「仲御徒町問屋連盟」が結成され、一九六四（昭和三九）年には時計・宝飾業社同士の交換会である「市」も開かれるようになる。

こうして、現在の〝宝飾の街〟としての御徒町が形作られていったのである（参考：「ジュエリータウンおかちまち」ホームページ）。

御徒町には「ガーネット通り」「サファイア通り」「ダイヤモンド通り」「ひすい通り」「エメラルド通り」「ルビー通り」など、宝石を冠した路地があり、およそ二〇〇〇社もの宝飾品関連会社があるとされている。

JR御徒町駅の東、東上野二丁目界隈は「東上野コリアンタウン」と呼ばれる。別名は「キムチ横丁」だ。

実はこの地域こそ、東京でもっとも歴史のあるコリアンタウンで、韓国料理や韓国食材の店がずらりと並んでいる。

雰囲気は街の商店街といった感じで、新大久保駅の周辺に広がるコリアンタウンのように派手派手しく彩られてはいない。

ゆったりと散策できる雰囲気がある。

韓国料理好きにはたまらないエリアとなっているが、散策がてらに訪れる人も少なくない。

戦後、東京都から退去命令を受けて上野界隈で露店が出せなくなった韓国人たちが住んでいた長屋型の住宅兼店舗（五三軒）を「国際親善マーケット」と称してはじめたのが東上野コリアンタウンのはじまりとされている。

日本よりもキビシい？中国の大学入試「高考」の実態とは

中国で隋《ずい》から清《しん》末の一九〇五年まで行われた高級官吏《かんり》の登用試験を「科挙《かきょ》」という。

かつて中国では貴族が高官の地位を独占していたが、その弊害を打ち破り、君主権を強化するため、隋の文帝《ぶんてい》（煬堅《ようけん》）のときに学科試験による官吏任用制度がはじめて実施され、唐《とう》の時代に制度が整った。

科挙は、前述のように二〇世紀初頭に廃止されたが、「現代の科挙」との異名を持つ試験制度が現在の中国にはある。

「高考」と書いて「ガオカオ」と読む。

高考は正式には「普通高等学校招生全国統一考試」と呼ばれ、毎年六月の七日、八日、九日の三日間、中国の各地で大学入試試験が行われる。日本でいえば「大学入試センター試験」に似ている。

その難関さから、中国で高考は「千軍万馬が丸木橋を渡る」と喩《たと》えられることもあった。

この梅雨の時期、中国の都市部では受験生が試験会場にパトカーで先導されて行く光景が見られ、ある意味、異様な雰囲気に包まれる。

中国では小学校（六年制）、中学校（三年制）の九年間の義務教育を経て、高校（三年制）、大学（四年制）へと進む。日本の教育制度とまったく同じだ。

しかし、その後に行われるたった三日間の高考で、その若者の将来はほぼ決まってしまうといっても過言ではない。

中国で有名な大学は北京《ぺきん》大学、清華《せいか》大学、復旦《ふくたん》大学、大連《だいれん》理工大学などだが、人気のあるこれらの大学はほとんどが国公立で、中国政府から「国家重点大学」として認められている大学は八八校しかない。

そのような狭き門をめざして毎年一〇〇〇万人以上が参加する試験で、生徒は誰よりも高い点数を取らないといけない。

入った大学が良いほど、国家公務員などの安定した職業に就くことが可能になる。

中国では〝二流大学〟を出ても就職先がなく、稼ぐ仕事に就くことが難しいともいわれている。

とどのつまり、「高考で高得点を取れるかどうかで、その人の一生が決まってしまう」のだ。

二〇二三年六月に行われた高考では、過去最多の一二九一万人が受験した（『朝鮮日報』

二〇二三年六月一〇日付)。

とはいえ、である。

ここ数年は、高考に対する国民の信頼も揺らいできているらしい。

中国の急速な経済発展や、それに伴う生活レベルの向上によって「高考に受験して偏差値の高い大学へ入ることだけが成功への道ではない」と考える人々が増えてきたのである。

彼らは中国国内ではなく、海外の大学を受験することが多い。

目的地の一つが日本で、ここ数年、東京大学、早稲田大学、慶應義塾大学といった日本の名門大学に中国からの留学生が殺到している。

日本学生支援機構によると、二〇二二年度の外国人留学生は二三万一一四六人だが、そのうちの半数近い一〇万三八八二人が中国人であった。

彼らが母国の試験制度である高考を避けて日本をめざしているのは明らかである。

この傾向は大学に限ったことではなく、低年齢化も進んでいる。

灘《なだ》中学校、開成《かいせい》中学校、桜蔭《おういん》中学校など、有名中学校へ留学する中国人も多いというデータもある。

序文、目次、文庫本…
書籍を発明した〝ある人物〟とは？

献辞《けんじ》、序文、目次、正誤表、索引、文庫本…。

これらは、現在発売されている書籍ではいたってあたりまえに採用されていることがらだが、実はこれらのすべては、たった一人の男によって〝発明〟された。

アルド・マヌーツィオ。

近世のイタリアで活躍した「史上初の出版人」と称えられる人物である。

一四五〇年頃、イタリアはローマの南、約八〇キロの山間の町バッシアーノに生まれたアルドは、ローマでラテン語を、フェッラーラでギリシャ語を学んだ。

彼が出版人の道を歩みはじめたのは割と遅く、四十代になってから。一四八九年頃に移り住んだヴェネツィアで数多くの知識人と接したことで、彼らが頭のなかに持っている知識や情報を広く世間に伝えようとしたのだろう。

アルドはヴェネツィアに着いてほどなく、『ムーサイの祭典』を出版する。これは、自身の教育法も盛り込んだラテン語の教科書だが、本の出版を手掛けるうちに〝売れる方法〟

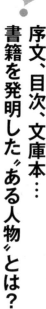

を試しはじめた。

アルドが試したのは「献辞」と「序文」だ。

献辞は、出版する書籍に「（名のある人物）に捧げる」と記すことで権力者との関係性を高める役目を果たした。神聖ローマ皇帝マクシミリアン一世、教皇アレクサンドロス六世の娘ルクレツィア・ボルジアなど、当時の〝ビッグネーム〟に捧げる一文を掲げることで箔付《はくづ》けし、権力者の周囲に名前を売ると同時に、彼らにも読ませることに成功した。

序文は広告の役目を担う重要な編集テクニックとなった。

出版する書籍の序文に「数学のシリーズもすべて刊行予定」「ダンテの近刊、乞うご期待」などと予告することによって読者の期待をあおり、売り上げにつなげたのだ。

このほか、出版社のラインナップを記した「目録」、現在の書籍には必ずはじめの方に掲げられている「目次」、本文の誤りを正す「正誤表」、巻末にあると便利な「索引」、携帯に便利な「文庫本」などはすべてアルドのアイデアから生まれたものである。

アルドが発明するまで、本には目次がなかった。ページ番号も振られていなかった。

出版業を営む前の三十代の頃、アルドは家庭教師をしていたが、彼にとって、当時の分厚い本から該当箇所を抜き出すのはとても面倒臭い作業だったに違いない。

だからこそ、ページに数字を書くことを思いつき、それを目次という形でまとめれば作業が楽になると感じたのではなかろうか。

フィレンツェ出身の貴族で、「近代歴史学の父」と称えられるフランチェスコの甥《おい》ロドヴィーコ・グイチャルディーニは、アルドについて、以下のように記して彼の業績を称えている。

「一般的な常識の持ち主であり（中略）出版物を真の意味で完璧なものとした。人々はアルド以外の本には見向きもしなかった。それほど彼の本は非の打ちどころがなかった。アルドを前にすると（中略）優美さや上品さとは無縁で、大柄、不格好、無作法という印象しかないが、才覚を発揮して機を逃さず、常識的な判断によって出版物の品質を向上させ、作業を簡略化し、（前述のとおり）手順と完璧な規則を確立した。」（アレッサンドロ・マルツォ・マーニョ著、清水由貴子訳『初めて書籍を作った男アルド・マヌーツィオの生涯』柏書房）

祝日がない六月に！「空気の日」を熱望する自治体とは？

二〇二三（令和五）年の「国民の祝日」は次の一七日である。

一月一日（元日）・二日（振替休日）・九日（成人の日）、二月一一日（建国記念の日）・二三日（天皇誕生日）、三月二一日（春分の日）、四月二九日（昭和の日）、五月三日（憲法記念日）・四日（みどりの日）・五日（こどもの日）、七月一七日（海の日）、八月一一日（山の日）、九月一八日（敬老の日）・二三日（秋分の日）、一〇月九日（スポーツの日）、一一月三日（文化の日）・二三日（勤労感謝の日）。

これらの祝日を見るとわかるが、六月と一二月には祝日がない。

そこで「六月に祝日を設けよう」という動きがある。

山形県の中央に位置する人口約六〇〇〇の小さな自治体、朝日町の町議会は、二〇一五（平成二七）年九月と二〇二〇（令和二）年一二月の二度にわたり、六月五日を「空気の日」として祝日にするよう、国へ要望書を提出している。

朝日町には一九九〇（平成二）年に建立された「空気神社」があり、「空気に感謝する気持ちを国民のすべてが心に刻もう」との願いを込めて要望書を提出したのだという。

五日を選んだのは「世界環境デー」に合わせたためで、同町では六月五日は条例で「朝日町空気の日」と制定されている（制定は一九九二年三月）。

空気神社の建立は、今から半世紀前の一九七三（昭和四八）年、町内の松程地区の故白川千代雄氏が「空気の恩恵を人間は忘れている。世界に先駆けてわが町に空気神社を造ろう」と提唱したのがはじまり。

その後、自然崇拝の高まりを願い、一九八八（昭和六三）年、「空気神社建立奉賛会」が創設され、一九九〇年、世界に類例のない環境モニュメントとして、町内の白倉のブナやナラの林のなかに「空気神社」が建立されたのである。

ただし、神社とはいえ社殿はなく、あるのは五メートル四方のステンレス板のみ。鏡面に周囲の景色を映し込むことによって空気を表現している（参考：『朝日町』ホームページ）。

働き方改革や、持続可能な世界をめざすＳＤＧｓが叫ばれる昨今。

一日くらい国民の祝日が増えたとしても、文句は出てこないのではなかろうか。

ここは一つ、六月五日を「空気の日」に制定してはいかがだろうか。

5章

知性あふれる！
超一流の雑学

なぜ日本の船には「丸」が付いているのか？

「日本丸」という帆船《はんせん》が現存している。

一九三〇（昭和五）年に建造された練習帆船で、一九八四（昭和五九）年までおよそ五四年にわたって活躍。航海した距離は地球の四五・四周分（延べ一八三万キロ）に相当し、一万一五〇〇人もの実習生を育て上げた。

その後、航海の役目を終えた日本丸は、一九八五（昭和六〇）年四月から、みなとみらい21地区の石造りドックに現役当時の姿のままで保存され、一般公開されている。

二〇一七（平成二九）年九月には国の重要文化財として指定を受けた。海上で保存されている帆船としては日本初の重要文化財指定となった。

日本丸を見てもその他の日本の帆船を見ても、船名に「丸《まる》」が付くのが多いが、なぜ船の名前といえば「丸」なのか？

日本では古くから船の名前に「丸」が付けられており、記録としては一一八七（文治《ぶんじ》三）年の仁和寺《にんなじ》の古文書に記された「坂東丸《ばんどうまる》」が最初といわれている。

とはいえ、なぜ「丸」と付けられるようになったのかといえば、有力なものとしては「麿《まろ》」が「丸」に転じたとする説がある。

麿は古い時代に男子を呼ぶときの名称で、自分のことを指すときにも用いた。

その後、男子の幼名として使われることが多く、織田信長《おだのぶなが》に仕えた森蘭丸《もりらんまる》の「丸」は麿が転じたものといわれる。

この麿は刀や飼っている犬など、自分にとって大切なものにも付けられるようになり、船にも用いられるようになったようだ。

そのほか、易経《えききょう》から取られたとする説も興味深い。

この説においては、丸は「排泄」を意味する「まる（放る）」という古語の動詞に由来し（子どもなどが使う「おまる」）、醜悪な名前をわざと使用することによって災厄《さいやく》などを避けるためという。

あるいは、「本丸」や「二の丸」など城を呼ぶときの「丸」に関連するという説もある。船を城に見立てたというわけだ。

どの説も確定しているわけではないが、明治後半に制定された「船舶登記取扱手続」には「船舶ノ名称ニハ成ルベク其ノ末尾ニ丸ノ字ヲ附セシムベシ」という項があり、この条項によって明治以降の船舶に丸と多く付けられたのは確かだろう。

ただし、この法律は二〇〇一（平成一三）年の訓令改正でなくなっているので、今は丸と付けなくても問題はない。

日本のクルーズ元年は一九八九（平成元）年だが、この年に就航した「ふじ丸」にこそ「丸」が付けられているが、それ以降では「にっぽん丸」くらいしか見あたらない。

そのほかは「クリスタル・ハーモニー」（現在の「飛鳥Ⅱ」）、「フロンティア・スピリット」（現在の「ブレーメン」）、「飛鳥」（現在の「アマデア」）、「おりえんとびいなす」（現在の「デルフィン・ボイジャー」）、「ぱしふぃっくびいなす」、「ダイヤモンド・プリンセス」、「サファイア・プリンセス」など、横文字の船名がずらっと並ぶ。

今後、〝原点回帰〟して「丸」と付けられる豪華客船は現れるのだろうか。

スタジアムライヴをはじめて開拓したのは、実はザ・ビートルズ！

二〇二一年一一月、一三作目のオリジナル・アルバム『Let It Be』が紆余《うよ》曲折《きょくせつ》を経て完成される前までの舞台裏を描いた『The Beatles：Get Back』が公開されるなど、結成から六〇年を経ても以前変わらぬ人気を誇っている「ザ・ビートルズ」。

ジョン・レノンと並んでバンドの顔であったポール・マッカートニーは八〇歳を超えた現在も精力的に活動を続け、四〇曲を歌い上げるライヴを披露している。

ドラマーのリンゴ・スターも、若かりし頃から身に付いている人望を糧《かて》に、オールスターズを結成。今もなお音楽活動に邁進している。

もはや伝説と化しているザ・ビートルズだが、彼ら〝ファブフォー（すばらしい4人組）〟がはじめて音楽界にもたらしたものはいくつもある。

その代表例が「スタジアムライヴ」だ。

野球場でライヴをしたのは、ザ・ビートルズがはじめてである。

場所は、ニューヨーク・メッツの旧本拠地シェイ・スタジアム（当時は「シェア・スタジアム」）。

一九六五年八月一五日、前人未到のスタジアムツアーの初日となったこの日、彼らはこの球場に五万五六〇〇人もの観客を集め、当時の屋外コンサートの観客動員記録を樹立した。

しかし、彼らのライヴはいつもそうだったが、ビートルマニアが放つ大歓声がボーカルや楽器のバランスを調整させるのを困難にし、少々演奏がまずくても観客は気付かない。四人も「どうせ僕らの音楽なんて誰も聞いていやしないんだ」とライヴで演奏することに嫌気《いやけ》がさしてきた。

ジョンが発した「ビートルズは今やキリストよりも有名」というセリフも一人歩きしはじめ、アメリカではラジオ局が彼らの曲を放送禁止にし、街中では若者がレコードを持ち寄り、焼き捨てる始末。

ライヴで訪れたフィリピンでは、マルコス大統領の夫人イメルダ主催のパーティーを〝欠席〟したことから空港で襲われ、危うく負傷する目にも遭った。

はじめてスタジアムライヴを催した翌六六年にはすでに右記のような災難続きだった彼らは、東京公演を行ったあと、いったんロンドンへ戻り、アメリカにツアーに出掛け、八月二九日、サンフランシスコのキャンドルスティック・パーク（サンフランシスコ・ジャイアンツの本拠地）でライヴを行う。

結果的にザ・ビートルズのコンサートは実質的にこれが最後となった（ゲット・バック・セッションの過程で行われた「ルーフトップ・コンサート」を除く）。

シェイ・スタジアムは老朽化により二〇〇八年に閉場しているが、同年七月一八日に行われた同球場最後のコンサート（ビリー・ジョエル）のアンコールにはポールが飛び入りで参加している。

ミイラが盗掘に遭った「本当の理由」とは？

「ミイラ」といえばすぐにエジプトを思い浮かべるが、エジプトでも今から約六〇〇〇年前はまだミイラを作る習慣はなかった。

その頃、人々の遺骸《いがい》はマットや獣の皮などに包まれ、浅く掘った墓のなかに「屈葬《くっそう》」された。遺骸の両手を曲げ、膝《ひざ》を屈して地下に葬ったのである。

人の遺骸をミイラにしようとする試みは、エジプトにおいては第一王朝（紀元前三一〇〇年頃？〜紀元前二八九〇年頃？）からすでにあったようだが、続く第二王朝（紀元前二八九〇年頃？〜紀元前二六八六年頃？）ではミイラ作りは確実にはじまっていたとされている。

日本でミイラの特別展（二〇一九年・国立科学博物館）が開催され、大勢の人が押し寄せたことからもわかるように、ミイラは今でも多くの人々を惹《ひ》きつけて止まないが、中世のヨーロッパにおいてもミイラは〝人気〟だった。

それは、博物館で見学して歴史のロマンを感じるような対象としてではない。

「薬」として用いるためだ。

ミイラを作るには、複雑な工程と膨大な時間を必要とする。

遺骸から内臓を取り除いたあと、「ナトロン」という天然鉱物を用いて体を乾燥させ、「没薬《もつやく》」などの香料を加える。体には油や樹脂を塗り、皮と骨のあいだには縮んだ筋肉の代わりに籾殻《もみがら》などを詰め、顔に化粧を施《ほどこ》し、唇や爪や手足の裏に色を塗る。最後に、幅広の亜麻《あま》の長い布で全体をぐるぐると包めば完成だ。

なぜミイラが薬になると考えられたのかは定かでないが、ヨーロッパでは防腐処理を施された遺骸に超自然的な力が宿ると信じられたとする説や、癒《いや》しの効果がある「瀝蒼《れきせい》」（天然アスファルト、コールタールなど）がミイラに含まれていると誤解されたためとする説などがある。

瀝青はペルシャ語で「ムンミヤ」と呼ばれたが、一五世紀頃、ヨーロッパで薬用としてのムンミヤの需要が高まりを見せる。

しかし、天然のムンミヤは希少だったため、ミイラに含まれているという誤解が一人歩きし、ミイラが狙われるようになったのである。

エジプトでミイラが少なからず盗掘にあって掘り出されているのは、このような歴史と無関係ではない。

つまり、ピラミッドや王の墓で頻繁《ひんぱん》に盗掘が発生したのは、金銀財宝を奪う目的もあっただろうが、商人が薬としてミイラを売り捌《さば》くためにミイラを盗んだことも大きかったと考えられるのだ。

恐ろしいことに、薬用のミイラが足りなくなると、商人たちは自分でミイラを作ることを思い付く。

ドミニコ会の僧侶ルイス・デ・ウレタは『エチオピア王国の歴史』（一六一〇年）のなかで、ミイラの作り方について詳しく記している。

それによると、捕らえた人間を何度も飢えさせたのち、特別な薬を与え、眠っているあいだに首を切り落とす。その後、身体中の血を抜いて香辛料を詰め、わらに包んで一五日間、土中に埋める。それを掘り起こして二四時間、天日干しする。

こうすると、古代ミイラよりもきれいなミイラができあがるそうだ（参考：ナショナルジオグラフィック「ミイラ巡る黒歴史、薬として取引、見学イベントも」）。

しかし、驚くことにミイラを薬として用いていたのはヨーロッパ人だけではない。

実は、日本人もミイラを薬として使っていた歴史があるのだ。

日本では一六世紀末頃にはすでに西欧からミイラが輸入ないし紹介されており、一七世紀後半には爆発的な人気を呼んだという。

安藤更生『日本のミイラ』（毎日新聞社）には「大名から庶民まで、あらゆる階層の人々はミイラ薬は大歓迎で、大流行をきたした。（中略）『新見物語』という本も「享保《きょうほう》より五六十年以前、みいらといふ薬流行して、歴々の大名も毎月三四度づつ五分七分のむ。男女ともみいらのまぬ人なし」という。」とある。

人々はミイラを粉にして散薬にして飲んだり、練り薬にして患部に貼っていたようである。

なぜ「ラーメン二郎」は「ラーメン太郎」じゃないのか？

今やラーメン界の〝一大勢力〟といっても過言ではない「ラーメン二郎」。

黄色い看板に黒い文字で「ラーメン二郎」と書かれていればもちろんのこと、黄色い看板だけで二郎の〝匂い〟を嗅ぎ取ってしまうラーメンフリークも少なくない。

そうなれば、あなたも立派な「ジロリアン」である。

ラーメン二郎を創業したのは山田拓美氏だが、実ははじめ、ラーメン二郎は「ラーメン次郎」だった。

この名前にしたのは、当時発売されていたエースコックのインスタントラーメン「ラーメン太郎」の人気にあやかったとされている。

一九六八（昭和四三）年、山田氏は都立大学駅近くで「ラーメン次郎」を開業したのだが、都市計画の進行に伴い、何度かの移転を余儀なくされる。

そんななか、業者が誤って看板に「ラーメン二郎」としてしまった。看板を直すのを面倒と思ったのか定かではないが、屋号はその後も「二郎」であり続け、現在にまで至っているとのことである。

大方の方はご存じだろうが、本店は慶應義塾大学が立つ三田にある。

一九九〇年前半までは本店、吉祥寺、目黒、赤羽にあるに過ぎなかったが、その後、のれん分けの店舗が急増。

仙川、新宿歌舞伎町、池袋東口、荻窪など都内で広まったのち、札幌、仙台、会津若松、京都、川越など全国各地に開かれていった。

ラーメン二郎といえば「小ブタ、カラメ、ヤサイ増し、アブラちょっと、ニンニク少し、トウガラシ」といった呪文のような〝トッピングコール〟が有名だが、未経験の方も恐れる必要はまったくない。

自分のコールの順番がきたら、「普通で」といえば事足りるのだ。ジロリアンであるわが倶楽部《くらぶ》のメンバーがいうのだから、間違いない。

このようにコールすれば、デフォルト（スタンダード）のラーメン二郎がきっと出てくるはずである。その後、二回目から自己流にアレンジしてオーダーすれば、きっと自分好みの二郎が完成するはずだ。。

「燃えるゴミ」よりも人々の心に響く新たな名称とは？

環境省は二〇二二（令和四）年三月、二〇二〇（令和二）年度における全国の一般廃棄物（ごみ及びし尿）の調査結果を取りまとめた。

それによると、ごみ総排出量は四一六七万トンだった。東京ドームに換算すると、なんと約一一二杯分である。

国民一人あたりで計算すると、一日あたりの排出量は九〇一グラム。一人が毎日約一キロのごみを出しているとイメージすればわかりやすいだろうか。

ごみ問題は高度経済発展を遂げた一九六〇年代から日本の大きな課題であり続けているが、二〇二三（令和五）年五月一三日、とても興味深い記事が『読売新聞』に掲載された。

「『燃やせるごみ』では、なかなか減らないので…『燃やすしかないごみ』に変更します」

これは、徳島市が同月一二日に発表したもので、家庭ごみの分別のうち、「燃やせるごみ」の名称を「燃やすしかないごみ」に変更するとしたものだ。

ツイッターや報道などでこの発表が出回ると「ささる！」「徳島市、やるな！」などと好意的な反応が続出した。

同市の可燃ごみの約四割が紙類で、この割合がなかなか減らないため、分別の名称を「分別頑張ったんやけど、燃やすしかないごみ」に変更することにしたという。

この呼び名の変更はとても面白い。「燃やすしかない」という言葉遣いによって、市民にごみについて考えるヒントを与えているようだ。捨てる前に、「それは資源になりませんか？」と問いかけられているようにも思える。

「燃やすしかないごみ」への変更は徳島市以外の自治体に広まっており、福岡県柳川市では二〇二一（令和三）年一月から、京都府亀岡市も二〇二三年四月から表記を変更している。

パンダはなぜササだけであんなに〝ぽっちゃり〟なのか？

思わず笑みがこぼれてしまいそうなユーモアたっぷりの科学研究などに贈られる「イグ・

ノーベル賞」。名称に付けられた接頭語「イグ（ig）」には否定的な意味があり、英語の「ignoble」（「不名誉な」「下劣な」「恥ずべき」などの意）と「ノーベル賞」を組み合わせた造語だ。

ノーベル賞のパロディーとして一九九一年に創設され、毎年秋、ノーベル賞の発表と同じ頃、ハーバード大学のサンダーズシアターで表彰式が催される。

二〇〇九年一〇月にこのイグ・ノーベル賞を受賞したのは日本人の田口文章氏（北里大学名誉教授）だったが、その研究とは「パンダのふんから分離した菌で生ごみの九〇パーセント以上の減量に成功した」というものであった。

ササ（タケ）を大量に消費するパンダの腸には、ササを分解する特別な菌がいるのではないかと仮定し、研究した田口氏。上野動物園からパンダのふんをもらい受け、研究を進めたところ、分解能力が高い菌を発見した。

家庭用の生ごみで試すと、ごみの九五パーセント以上を水と二酸化炭素に分解することに成功したという。

受賞当時、すでに実用化に向けた研究が続けられていた。

肉食獣のような消化器系であるにもかかわらず、ササばかり食べ続けることができるパンダの生態については昔から多くの研究者が疑問に思っていたが、この田口氏の研究が発表されたあとの二〇一一年、〝パンダの故郷〟中国科学院の魏輔文氏らの研究チームにより、「腸の中身はちょっと草食化しているらしい」という結果が発表されている（倉持浩『パンダ　ネコをかぶった珍獣』岩波書店）。

魏氏らの研究結果によれば、パンダの腸内ではほかの草食動物にも見られるような、セルロースを分解できる細菌に近縁なものが一三タイプ、また、パンダ特有のものも七タイプ見つかったという。

魏氏らは、パンダの指や噛むための筋肉が発達していることに加え、こうした腸内細菌のおかげで、パンダはササばかり食べ続けることができるのではないかと推測している。

ウチナーンチュはなぜ〝傘をささない〟？

沖縄はいつも太陽が降り注ぎ、一年を通して青い空が広がっているイメージがあるが、実は年間の日照時間は少ない。

気象庁の「気象統計情報」（一九八一～二〇一〇年の平年値）によると、全国平均が一八九七時間のところ、沖縄は一七七四時間で三五位。一位の山梨県の二一八七時間とは四一三時間もの開きがある。

年間の晴れ日数も沖縄は二一一日で、こちらも三五位にとどまっている（全国平均は二一七日。一位は香川県の二四九日）。

沖縄の日照時間が少ないのは、海に囲まれた土地柄であることが大いに関係している。雲の発生が多く、年間の降雨量は二〇〇〇ミリをくだらない。

沖縄は東南アジアの国々のように、晴れていると思ったとたんスコールが降るような場所なのだ。

こんな気候は沖縄の県民性にも影響を及ぼしている。

「ウチナーンチュ（沖縄の人）は傘をささない」

こんな〝沖縄あるある〟が、あるのだ。

実際、どうなのだろう。

『琉球新報』（二〇一三年五月一八日付）によると、社員にこの点についてアンケートを取ったところ、以下のような回答が寄せられたという。

「街中で差している人を見かけるまでは差さないという自分ルールがある。『これくらいで差しているのか』と周りに思われるのがなんだか恥ずかしいから」（20代女性）

「帰ったらお風呂に入るから」（50代男性）

「傘を持ち歩くのがめんどくさい。外出先で置き忘れる。沖縄では濡れてもすぐ乾くし、そもそも歩くことがない」(40代男性、20代女性)

同アンケートによると「雨の日に傘を差さない」と答えたのは二五パーセント、「雨の降り方によっては差さない」と答えたのは五パーセントで、合計三〇パーセントの人が「傘を差さない」との考えを持っていた。

同紙は、車で移動する、沖縄の雨はすぐ止む、細かいことを気にしないなどがこの〝沖縄あるある〟を生んだ理由と分析しているが、沖縄へ行ったことがない方にとっては意外な話といえるかもしれない。

話ついでに〝沖縄あるある〟をいくつか挙げておこう。

「小学校の運動会ではエイサーを踊る」
「酒が強いと思われがち」
「年越しそばは、沖縄そば」
「『週刊少年ジャンプ』が数日遅れる」
「『なんくるないさー』とはあまりいわない」

新幹線を「のぞみ」と命名したのは実は作家の阿川佐和子氏

一九九二（平成四）年三月一四日、東海道新幹線「のぞみ」がデビューした。

一九八八（昭和六三）年一月に「東海道新幹線速度向上プロジェクト委員会」が立ち上げられ、東海道新幹線の時速を二七〇キロに引き上げることを早期に実現させることが謳《うた》われてからおよそ四年。

飛行機にお客を奪われることに危機感を抱いたＪＲ東海の悲願がようやく現実のものとなったのだ。

歴史をさかのぼれば、ＪＲの前身の国鉄時代にはすでに「新幹線の高速化」は望まれていた。

一九八一（昭和五六）年五月に発行された『交通技術』という鉄道技術の研究誌には「在来新幹線用高速車両の構想」と題して、東海道新幹線を二六〇キロで走らせれば最大で四五分短縮することができるとする研究がなされている。

こうして速達型の「ひかり」のさらに上を行く「スーパーひかり」（「のぞみ」の検討段

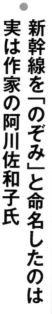

階の名称）の実現に向けたプロジェクトが進み、一九九二年、ついに陽の目を見たわけだが、現在の「のぞみ」という名称を提案したのは誰だろうか。

その人物とは、作家の阿川佐和子氏である。

JR東海は「スーパーひかり」に置き換えられる名称について、乗客に親しみを持ってもらえるような、聞きやすくてわかりやすい名称を望み、学識経験者や社内関係者をメンバーとした選考委員会を開く。

そのメンバーの一人が阿川氏で、最終的に「きぼう」「たいよう」「つばめ」などが残ると、阿川氏は同業の父阿川弘之氏の意見を披露する。

「昔から日本の列車名には大和言葉が使われている、と父が申しておりました。〈きぼう〉を大和言葉にすると、〈のぞみ〉ですね」（『読売新聞』二〇一〇年六月一七日付）

JR東海も「のぞみ」という名称を好意的に受け入れ、決定されたのであった。

同社は公式に「３００系が未来にかける当社の夢と大きな期待を担ってデビューする列車であり、お客様にとっても夢と希望に満ちた列車となるよう、『のぞみ』と決定した」としている。

ただし、「のぞみ」という列車名は東海道新幹線のものがはじめてではない。

日本が大陸へ触手を伸ばしていた一九三四（昭和九）年一二月、朝鮮半島で標準軌のS

L急行としての「のぞみ」の運行が開始されていたのだ。釜山《ぷさん》・奉天《ほうてん》間（一一二五・六キロ）を二三時間一〇分（下り。上りは二三時間五〇分）で結び、四年後には満洲《まんしゅう》国の首都新京《しんきょう》まで延長されたが、戦局の悪化などに伴い、一九四四（昭和一九）年一月末に廃止された。

なお、南満洲鉄道の急行列車には「ひかり」という急行も存在していたという事実もある。戦前の「ひかり」「のぞみ」については満洲国の建設とともに語られることもあるので、ご存じの方もいらっしゃるかもしれない。

しかし。

戦前に大陸を走っていた「ひかり」と「のぞみ」が戦後の日本で一緒に走ることになった〝偶然〟は、どのように捉《とら》えれば良いのだろうか。

二七歳で〝夭逝〟した「27クラブ」のメンバーとは？

ロックファンなら「27クラブ」という名称を一度は聞いたことがあるかもしれない。「二七歳で死んだミュージシャン・アーティスト・俳優のグループ」である。

一九七〇年前後、ブライアン・ジョーンズ（一九六九年七月三日死去）、ジミ・ヘンドリックス（一九七〇年九月一八日死去）、ジャニス・ジョプリン（一九七〇年一〇月四日死去）、ジム・モリソン（一九七一年七月三日死去）と、ちょうど二年のあいだに当時の世界的なミュージシャンが相次いで亡くなったのだが、死因こそ違えど、皆、享年二七だったのだ。

ブライアンは今も現役のロックバンド「ザ・ローリング・ストーンズ」のメンバー、ジミは「ジミヘン」の愛称で知られる〝もっとも偉大なギタリスト〟、ジャニスは一九六〇年代のカウンター・カルチャーを代表するミュージシャン、ジムは幽玄的な音楽を奏でる「ザ・ドアーズ」のボーカリストだ。

それゆえ、七〇年代からロックファンであり続けている方は常識だったかもしれないが、一九九四年になってから「27クラブ」という忌《い》まわしい呼び名が再び目立つようになっていく。

当時、音楽界の頂点を極めていたオルタナティブ・バンド「ニルヴァーナ」のボーカル・ギターのカート・コバーンが、ショットガンで自殺したのだ。一説には、カートはショットガンを口にくわえて自殺したとされているが、頭を撃ち抜いたとも。異説には、陰謀論にからんで何者かに殺害されたというものもあるが、確証はない。

インターネットが普及していない時代だったから、一般的には広まりにくい話題だったかもしれないが、『ニューズウィーク』にページを割《さ》いて解説されるほどの事件だった。

さらにカートが死去してから一七年後の二〇一一年。

グラミー賞を受賞したこともあるR&Bのシンガーソングライター、エイミー・ワインハウスがロンドンの自宅で遺体となって発見された。死因はアルコールの過剰摂取であった。

彼らが皆二七歳で亡くなったのはまったくの偶然に過ぎないが、ブライアン・ジョーンズら四人の立て続けの死と、カート、エイミーの衝撃的な突然の死によって、私たちは「27クラブ」がいまだに〝存続〟していることを知らされるのである。

以下、そのほかのメンバーを挙げておくと、ロバート・ジョンソン、ピート・ハム、ジャン＝ミシェル・バスキア、ジェイコブ・ミラー、ジョナサン・ブランディス、アントン・イェルチンなどが「27クラブ」のメンバーに含まれている。

「成田屋」「音羽屋」「澤瀉屋」…歌舞伎の「屋号」の由来とは？

歌舞伎俳優には家ごとに「屋号《やごう》」がある。

屋号の由来ははっきりとわかっていないが、江戸時代の歌舞伎俳優は苗字を許されていなかったことから屋号を用いたとか、副業として化粧品や菓子などを売っていたことから、店名として屋号を持っていたなどの説がある。

屋号は客席から掛け声として飛んだり、衣装や小道具などの意匠《いしょう》となっていることから観客にもなじみ深い。

広く知られているところでは「成田屋《なりたや》」「音羽屋《おとわや》」「澤瀉屋《おもだかや》」などがあるが、それぞれの屋号の由来はなんだろうか。

以下、代表的な屋号の俳優名と由来を記してみたい。

【成田屋】
市川團十郎《だんじゅうろう》、市川海老蔵《えびぞう》
團十郎が演じた芝居「成田不動明王山《なりたふどうみょうおうさん》」に由来。
子宝に恵まれなかった初代市川團十郎が成田山新勝寺《しんしょうじ》にお参りしたところ、二代目を授かった。團十郎が「成田不動明王山」を演じたのはそのお礼。

【音羽屋】

尾上菊五郎、尾上菊之助、尾上松緑《しょうろく》

初代尾上菊五郎の父（芝居茶屋の出方〔従業員〕）が清水寺《きよみずでら》の近くで生まれたことから、境内《けいだい》の「音羽の滝」にちなみ音羽屋半平と名乗ったことが由来。

【中村屋《なかむらや》】

中村勘三郎《かんざぶろう》、中村勘九郎、中村七之助

「中村座」の座元猿若《さるわか》勘三郎が初代中村勘三郎を名乗ったことに由来。一説によると、猿若勘三郎の出身地は現在の名古屋市中村区とも。はじめは「柏屋《かしわや》」といった。

【高麗屋《こうらいや》】

松本幸四郎、松本白鸚《はくおう》、市川染五郎

詳細は不明だが、初代松本幸四郎が「高麗屋」という店で丁稚奉公していたことが由来とする説がある。

【成駒屋《なりこまや》】

中村歌右衛門、中村芝翫《しかん》、中村福助

四代目中村歌右衛門が四代目市川團十郎と義兄弟の縁を結び、将棋の駒の柄の着物を贈られたことに感謝し、成田屋の「成」と駒をかけたのが由来。

歌右衛門は初代・三代目は出身地にちなみ「加賀屋《かがや》」と称した。二代目は「蛭子屋《えびすや》」。

【大和屋《やまとや》】
坂東三津五郎《みつごろう》、坂東八十助《やそすけ》、坂東玉三郎
初代坂東三津五郎の養父の父が「大和屋又八」といったことに由来。
【播磨屋《はりまや》】
中村吉右衛門、中村歌六、中村又五郎
初代中村歌六が養子に出された先が播磨屋作兵衛だったことに由来。
【萬屋《よろずや》】
中村時蔵、中村錦之助、中村獅童《しどう》
三代目中村歌六の妻小川かめの実家が市村座の芝居茶屋「萬屋」だったことに由来。
【澤瀉屋】
市川猿之助、市川段四郎、市川猿翁《えんおう》
初代市川猿之助の実家が薬屋で、薬草の澤瀉を扱って商売に成功したことに由来。
【松嶋屋《まつしまや》】
片岡仁左衛門、片岡我當《がとう》、片岡秀太郎、片岡愛之助
由来は不明。

世界初の高速道路「アウトバーン」に隠された数学的な秘密とは?

一九七〇年、西ドイツ(当時のドイツは壁を隔てて東西にわかれていた)のデュッセルドルフで結成された電子音楽グループ「クラフトワーク」。

クラウトロック(=ジャーマン・ロック)やテクノポップの先駆者で、日本のテクノポップバンドの代表格「YMO(Yellow Magic Orchestra)」の細野晴臣氏も「クラフトワークがいなかったらYMOの音楽は異なるものになっていた」と語っている。

細野氏にクラフトワークをはじめとしたジャーマン・ロックを教えたのは美術家横尾忠則氏だ。

横尾氏はYMOの四人目のメンバーになるはずで、結成記者会見にも出る気でいたが、仕事の締め切りに追われて出られなかった。

結果、YMOに参加することも叶わなかった。

横尾氏は「YMOでは、きっとヴィジュアルや舞台セットを考える役になったのだろうけど、音楽バンドに音楽をやらないメンバーがいるというのは当時としては斬新な発想で

しょ」と語っている（吉村栄一『ＹＭＯ１９７８－２０４３』KADOKAWA）

日本の八〇年代の音楽に多大な影響を与えたクラフトワークの代名詞といえるアルバムが『アウトバーン』だ。

収録曲は一曲目の二二分にもおよぶタイトルトラック「アウトバーン」を含め、五曲のみ。ドイツの高速道路アウトバーンを走る車をモチーフにして作成された。

具体的には、車窓から見える風景を音楽に落とし込んだものとされている。

〝本家〟のドイツを走る高速道路「アウトバーン（Autobahn）」の最初の区間（フランクフルト―ダルムシュタット）が開通したのは一九三五年五月一九日のこと。

前年の一九三四年八月に総統に就任したナチス・ドイツの指導者アドルフ・ヒトラー肝《きも》煎《い》りの政策で、フォルクスワーゲンの創業と並び、ヒトラーの「国民車構想」の一方の翼を担うものであった。

ヒトラーはドイツ国民が気軽に自動車を買えるような世の中にすることによって、第一次世界大戦で敗戦し、多額の賠償金を課されて混乱するドイツを立て直そうとしたのだ。

アウトバーンの工事を、重機を使わず人力で行わせることで多くの失業者に仕事を与えるという意図もあった。

現在、アウトバーンは全長一万二〇〇〇キロを遥かに超え、ドイツ全土を網羅している。

六車線以上を備えている区間だけでも三〇〇〇キロ以上ある。

日本の高速道路のようにサービスエリアやパーキングエリアが存在するが、開通以来、通行料金は無料だ（大型トラックを除く。また、今後は維持費などを確保するため一般車への負担も検討されている）。

そして、アウトバーンを語る上で欠かせないのが「クロソイド曲線」である。

アウトバーンは、直線からカーブへ差し掛かる場所でハンドルを一定の速度で切り込んでいくと、ちょうどカーブする車線で走行できるように、カーブの角度が少しずつ急になっている。

このような曲線をクロソイド曲線といい、日本をはじめ世界中の高速道路で導入されている。高速道路では重大な事故も少なくないが、高速の車をあれだけ走らせておいて事故が起こりにくいのはクロソイド曲線のおかげなのである。

このことから、アウトバーンの建設は交通の安全性や経済的機能の向上などを総合的ないし部分的に工学的立場から研究する「交通工学」を用いた典型例として知られている。

ちなみに、アウトバーンには「速度制限区間」と「速度無制限区間（ただし一三〇キロでの走行を推奨）」があるが、二〇〇八年、ブレーメン市は市内での制限速度を一二〇キロに制定した。

アウトバーンの速度に制限を設けたのはこれがはじめてで、現在では大都市の周辺区間や合流部などに速度規制がある。アウトバーンの制限速度は今後も増え続けるものと思われる。

東洋医学で「落枕」というのはいったい何のこと？

朝起きたら、首が痛い。右を向いても左を向いても痛い！　どうやら寝違えたようだ……。

皆さんも一度は経験したことがあるかもしれない、首の「寝違え」。

不自然な姿勢で長いあいだ寝たりすると首に負担がかかってしまい、筋肉や靭帯《じんたい》に急な炎症が生じ、動かしにくくなり、痛みを伴う。

「寝違え」は医学的には「急性疼痛性頸部拘縮《きゅうせいとうつうせいけいぶこうしゅく》」という。

不自然な姿勢で寝てしまうのは、疲れ、ストレス、過度の飲酒などによって寝返りを打つ回数が少なくなることにあると考えられている。枕の高さが合っていないのも原因の一つだ。

寝る前日に手や腕を使い過ぎ、首や肩の周辺の血行が悪くなっている時期も、寝違えが起こりやすいようである。

寝違えは現代人特有の症状ではなく、古くから人々が経験してきた。

東洋医学では寝違えのことを「落枕《らくちん》」といった。

頭が枕から落ちて首を痛めるという意味だ。先に挙げた医学的な言い方よりも症状がイメージしやすい。

寝違えを起こしてしまったら、痛みのある箇所を無理に動かさない、安静にしておくことが何よりも大切だ。

冷湿布などで患部を冷やすことも効果があるようだが、長時間用いるのはやめておいた方がいいかもしれない。血行が悪くなってしまうからだ。通常は当日から一週間ほどで寝違えの痛みは和らぐとされている。

なお、手の甲にはその名も「落枕」というツボがある。

人差し指と中指の骨が交わるところにあるツボで、寝違えているときには押すと痛みが生じていることがある。一回五秒ほどやや強めに押すことを二～三回繰り返してみると良いかもしれない。

フランス北東部の人が住めない「ゾーン・ルージュ」ってどんな所？

第一次世界大戦中の一九一六年二月二一日から約一〇か月後の一二月一八日まで、フランスのヴェルダン要塞をめぐって戦いが繰り広げられたドイツ対フランスの激戦を「ヴェルダンの戦い」という。

北フランスからパリへ南進するドイツ軍と、ペタン将軍率いるフランス軍がこの地で相《あい》見《まみ》え、ドイツ軍四三万、フランス軍五四万の死傷者を出したが、辛うじてフランス軍が死守したという局地戦である。

しかし、この戦いがきっかけとなり、それまで農耕地で細々と暮らしていた小さな村々からなるこのムーズ川周辺の地域は、戦後一〇〇年以上が経過したにもかかわらず、今でも人が住むことはできなくなっている。

このことから、この地域は「ゾーン・ルージュ（Zone Rouge）」と呼ばれる。英語で「レッド・ゾーン（Red Zone）」の意味だ。

なぜ戦争終結から一世紀以上も経っているのに人が住めないのか？

第一次世界大戦開始からヴェルダンの戦いが終わるまでのあいだに、ドイツ軍とフランス軍がともに大量の弾薬や兵器をこの地に投げ捨てたことにより、環境が破壊されているためだ。

同年三月二一日の戦闘は朝からはじめられ、ドイツ軍が所有する一二〇〇門もの大砲が一斉に火を吹き、それは午後四時まで続けられた。

ドイツ軍の砲撃は敵方フランス軍のヴェルダンの要塞、塹壕《ざんごう》、砲台、そして鉄道までをも破壊した。一説によると、当時、ドイツ軍は一週間分の砲弾として二五〇万発を用意していたと伝わる。

これだけたくさんの弾薬や兵器が投入されたなら、その残骸を撤去することは不可能だろう。

ゾーン・ルージュの範囲は約一七〇平方キロで、現在も、当時使用したはずの兵器の残骸が土の下に眠っている。なかには土中から残骸が突き出ているところもある。

ゾーン・ルージュは立ち入り禁止区域で制限もされているはずなのに、取材のために訪れるジャーナリスト、興味本位で近寄る観光客も少なくない。

弾薬のなかには不発弾もきっと残されているはずで、ゾーン・ルージュに近づく人々の身の安全が不安視されている。

「心療内科」と「精神科」はどこがどう違うのか？

四月は学校や会社が新年度を迎える月だ。

ひと月は気分良く通えるかもしれないが、五月の大型連休や梅雨の六月を迎える頃になると少しずつ気分がふさいでいく。なんとなく気分がすぐれない……。

「五月病」「六月病」などといわれるこのような症状になったら、どうすればいいのだろうか？

こんなとき受診する先として思い浮かぶのが「心療内科」と「精神科」だが、どこがどう違うのだろうか？

心療内科は「ストレスや緊張などが原因で体に症状が現れる「心身症」を主体にした診療科」だ。文字通り「内科」がベースである。

下痢、胃潰瘍、ぜんそく、高血圧など、心理的なきっかけで起こるような症状といった身体的な異常を治療しながら、精神的な不調も診てくれる。

一方、精神科は「うつ病、統合失調症、双極性障害（躁鬱《そううつ》病）、不安症、発達障害、依

存症など、より『心』の症状を主体にした診療科」だ。

これより考えると、ストレスなどが原因で体に症状が現れるようになったら心療内科、幻覚や妄想、イライラ感が強い、希死念慮《きしねんりょ》（死にたい気持ち）が起こるなどしたら精神科を訪れるのが良いといえる。

ただ、「うつっぽい」「食欲がない」「夜、眠れない」といった症状で、どちらに行ったら良いかわからないときは、どちらの科でも良いので、まずは受診することが推奨されている。

クリニックや病院に電話やメールなどで症状を伝え（ホームページなどで設けられている場合）、アドバイスを受けるのも良いかもしれない。

最近では心療内科と精神科を併設しているメンタルクリニックも増えているし、どちらの科を受診したとしても「心の病気」として広く診てくれる先生もいるようである。

「一日三時間以上、練習すべきでない」と言ったショパンの真意は？

ポーランド生まれの作曲家フレデリック・ショパン。

「ピアノの詩人」と称され、現在は彼の名前を冠した「ショパン国際ピアノ・コンクール」が開かれている。

日本の若きピアニストもこのコンクールで何度もファイナリストに選ばれているので、ショパンという名前に親近感を抱く方も多いだろう。

ショパンは一八三〇年一一月、故郷ワルシャワを出て翌年九月にフランスのパリに姿を見せるが、人前に出たりコンサートを開くことが苦手だった彼は、サロンでピアノのレッスンをすることで生活費を稼ぐようになる。

レッスンは一日五回行い、毎日一〇〇フラン稼いでいたそうだ。

山根悟郎『歴代作曲家ギャラ比べ』（学研）によると、ショパンのレッスン料は一回二〇フラン（約二万円）、出張レッスンのときは一回三〇フラン（約三万円）であった。

となると、ショパンはパリで最低でも毎日一〇万円も稼いでいたことになるが、本人としては楽に稼いでいるつもりはなかったらしい。

バルバラ・スモレンスカ＝ジェリンスカ著、関口時正訳『決定版　ショパンの生涯』（音楽之友社）によると、このことについてショパンは友人に以下のような文面を送っている。

「レッスンは一日五回だ。大儲けだと思うだろう？　しかしカブリオレ［馬車の一種］で行けばそれだけ余計に金がかかるし、白手袋もしなければ作法に適《かな》わないんだ」

人前に出るのが苦手なショパンらしい言葉である。

ショパンはほぼ同じ年の生まれの作曲家フランツ・リストにこう打ち明けたことがある。

「僕は一般的な公演には向いていない　聴衆が気おくれさせ、群衆が呼吸するなかでは自分の息ができない。好奇の眼が僕の体を麻痺《まひ》させ、居並ぶ他人の顔が言葉を奪う。」（前掲）

ショパンにとって、私的なサロンで気心の知れた人々にピアノを教え、親しい人々に囲まれることこそ幸せな出来事だったのかも知れない。

とはいえ、ショパンは教え方が上手で、レッスンの最初の段階では「正しい手のポジションにこだわった。それは「演奏者が心地よく感じられるような、手に無理のないポジションを見つけなさい」というものであった。

また、ショパンは「一日三時間以上、練習すべきでない」ともいっている。

幼い頃から天才と謳《うた》われているからそのような考えを持ったのではなく、「頭が新鮮な状態でなければ練習しても意味がない」との意味である。

そもそも豚骨ラーメンのスープはなぜ〝白い〟のか？

豚骨《とんこつ》ラーメンは福岡県久留米《くるめ》市のラーメン屋「南京千両《なんきんせんりょう》」（一九三七年創業）がはじまりとされている。ただ、この時点ではまだスープは白濁《はくだく》していない。いうなれば〝クリア豚骨〟なスープであった。

南京千両の開業から一〇年後の一九四七（昭和二二）年、同じく久留米で開業していたラーメン屋「三九《さんきゅう》」の店主がスープを仕込んでいたとき、火力が強すぎて白く濁らせてしまう。

お客には出せないのでスープを捨てようとしたが、試しに味わったところとても美味しかった。

今に伝わる白い豚骨スープはこのようにして生まれたと伝えられている。

そもそも、豚骨ラーメンのスープはなぜ〝白い〟のか？

それは、先に挙げた「三九」の店主のエピソードを見ればわかるが、具体的にはどのような仕組みによってスープが白濁しているのか。言葉で説明するとなると、なかなか難しいのではないだろうか。

豚骨ラーメンのスープを白くしているのは「コラーゲン」である。

スープを作る材料の豚骨にはコラーゲンというタンパク質がたくさん詰まっている。このコラーゲンは水のなかで加熱すると「ゼラチン」に変化する。

ゼラチンには水と脂をくっつける力があり、「三九」の店主が〝誤って〟したように強火でガンガン炊《た》いてあげると、ゼラチンと水と脂が混ざり合い、スープが白濁するのだ。

これを「乳化《にゅうか》」という。

ラーメン好きな人がSNSなどで実食したラーメンを評価するときに「上手くスープが〝乳化〟していて美味しかった」と書き込むことがある。

乳化というキーワードはラーメンフリークのあいだではもはや日常語になっている。

豚骨ラーメンと対極にある透き通ったスープが特徴の「中華そば」が濁っていないのは、火加減に気を付けながらスープを炊くことによって乳化を起こさないようにしているからだ。

かつて東京都台東区の入谷《いりや》にあった「光江《みつえ》」の中華そばのスープは透明度がとても高く、丼の底まで見えた。「ラーメンの鬼」と呼ばれた故佐野実氏もファンの一人で、そのクリア過ぎるスープを羨《うらや》んだと伝えられる。

余談だが、豚骨ラーメン（＝博多ラーメン・長浜《ながはま》ラーメンなど）の店舗には「湯気通《ゆげどお》し」「粉落《こなお》とし」「ハリガネ」「バリカタ」「カタ」「普通」「柔《やわ》め」「バリ柔」（上記は固い順。これ以外の注文方法もある）といった麺の固さの頼み方があるが、これは「元祖長浜屋」や「一心亭《いっしんてい》」など、魚市場に隣接する長浜エリアの店舗が発祥といわれる。

朝忙しい市場の仕事人向けに短い茹で時間で提供しようとしたことがそのはじまりだったようだ。

ある店舗には「湯気通し」のさらに上をいく「生」という注文方法もあるらしいが、たった一秒湯に通したところで、小麦粉はほぼ生のまま。お腹を壊す可能性が高いので、オススメはしない。店も、推奨していない。

「令和」のイントネーションが〝令〟に定着した理由とは？

「新しい元号は、令和《れいわ》であります。」

二〇一九（平成三一）年四月一日、官房長官（当時）の菅義偉氏が首相官邸一階の記者会見室で額を持ち上げ、披露した。

菅氏は令和の引用元を以下のように説明する。

「『万葉集《まんようしゅう》』の梅の花の歌、三二首の序文にある、初春《しょしゅん》の令月《れいげつ》にして、気淑《きよ》く風和《かぜやわら》ぎ、梅《うめ》は鏡前《きょうぜん》の粉《こ》を披《ひら》き、蘭《らん》は珮後《はいご》の香《こう》を薫《かおら》す、から引用したものであります」

現代語に訳すと「新春の好き月、空気は美しく風はやわらかに、梅は美女の鏡の前に装う白粉のごとく白く咲き、蘭は身を飾った春のごときかおりをただよわせている」という意味になる。

日本の元号の歴史において、日本の古典（国書）から引用したのははじめてのことで、新元号を事前に公表するのもはじめてのことであった。

この現在の元号「令和」は〝令〟の方にイントネーションがあるが、なぜ抑揚《よくよう》を付けずに令和と読まなかったのだろうか。

実は、〝令〟にイントネーションが置かれるようになったきっかけは、安倍晋三元首相と菅義偉元官房長官が、新元号が令和に決定した直後の記者会見で、そのように抑揚を付けて読んだからだ。

読売新聞政治部『令和誕生』（新潮社）によると「令和は、抑揚をつけずに読むこともできる。２人がそう読まなかったのは、滑舌《かつぜつ》の悪さを自覚していたからだ。抑揚をつけないと、テレビ中継を見る国民が『れいわ』と聞き取れないことをおそれた。図らずも２人がそろって令に力を込めるイントネーションで発音したことで、その読み方が定着することになった」とある。

もしも、最初に安倍氏と菅氏が抑揚を付けない読み方をしていたなら、令和のイントネーションも平坦なものになっていたかもしれない。

ちなみに、政府が二〇一九年四月一日に示した元号案は合計で六案あった。「令和」「英弘《えいこう》」「広至《こうし》」という国書が出典の三案と、「久化《きゅうか》」「万和《ばんな》」「万保《ばんぽう》」という漢籍《かんせき》が出典の三案であった。

安倍元首相は、これらの六案のほか、情報漏れを防ぐために考えられた約七〇の候補のうち、「天翔《てんしょう》」がもっともお気に入りだった。

しかし、「イニシャルのTが大正と同じ」「画数が多い」などの意見が出、また、葬儀社名などに多く使われていることがその後にわかり、見送られることになった。

八街の人々を襲う砂嵐「やちぼこり」って知ってる？

毎年春になるとやってくる「黄砂《こうさ》」。

二〇二三（令和五）年四月に日本を襲った黄砂は〝史上最悪〟ともいわれ、大規模な飛来時には車のボディーなどに明らかにそれとわかる砂が付いていた。洗濯物にも大量に付いていたことだろう。

「黄砂現象」とは、東アジアの砂漠域（ゴビ砂漠、タクラマカン砂漠など）や黄土地帯から、強風によって吹き上げられた多量の「砂塵《さじん》」（砂や塵）が上空の風によって運ばれ、浮遊しつつ降下する現象のこと。

日本に黄砂がやってくるのは春が多いが、大陸で吹き上げられた黄砂は日本を飛び越え、太平洋を横断し、遠く北アメリカやグリーンランドで確認されたこともある。

小さな粒子（粒径が数マイクロメートル以下）が偏西風にあおられ、遥か海を飛び越えて行くのである。

日本にも、良く知られている「砂嵐現象」がある。

「やちぼこり」だ。

やちぼこりは、千葉県八街《やちまた》市で発生する砂嵐のこと。

やちぼこりが起こる原因は、八街市の特産品と無関係ではない。

八街市は落花生《らっかせい》が特産品なのだが、冬から春にかけて、落花生畑には何も植えられていない。

そんなときに春の嵐が吹き荒れるとやちぼこりが発生するというわけだ（年明け早々に起こることも少なくない）。

落花生は、五月に種をまき、七月～九月に花が咲いて実をつけ、一〇月に掘り取り（土から掘り起こすこと）を行い、一一月に乾燥させ、野積み（ぼっち）にしてから一二月に脱穀する。

八街市「八街落花生 site」によると、八街に落花生が導入されたのは一八九六（明治二九）年頃のことで、文違区《ひじかい》、住野区《すみの》で栽培されたのがはじまりとされる。

八街は土壌が落花生の育成に最適とされ、農家の献身的な努力も相まって、明治末期から急速に発展し、大正時代にはすでに落花生の特産地に成長していた。

一九四九（昭和二四）年には工作面積が全耕地の約八〇パーセントを占め、日本一の生産を誇るようになる。この頃から「八街の落花生」として全国的に知られるようになったのだ。

一九五三（昭和二八）年には、全農家中、落花生の栽培戸数はなんと九五パーセントを占めていたというから驚きだ。

これではやちぼこりが発生するのも致し方ないだろう。

実際にやちぼこりが発生すると、数メートル先でも前が見えないほどになるし、目や口のなかは砂で満たされることになる。

〝春の風物詩〟として耐えるしかないようだ。

まるでそっくり！日本語に似ている「韓国語」辞典

韓国ドラマを観ていると、ふと感じることがある。

「韓国語と日本語って似ているなぁ」

それもそのはず。韓国語と日本語はともに漢字文化圏に属し、中国大陸から伝わった漢字の影響を受けているからだ。

韓国語はハングル表記がなされているが漢字語も多く、日本語にも漢字表記は多い。では、どんな語彙《ごい》が両者で似ているのだろうか。

①家族
韓国語で「가족」（カジョッ）。はっきり「く」と発音しないところが異なる。
②簡単
韓国語で「간단」（カンダン）。「た」が少し濁った発音になる。
③約束
韓国語で「약속」（ヤクソッ）。「家族」と同じく「く」をはっきりと発音しない。

④準備
韓国語で「준비」（ジュンビ）。ちなみに「준비중」は「準備中」のこと。
⑤気分
韓国語で「기분」（キブン）。発音はほぼ一緒。
⑥記憶
韓国語で「기억」（キオク）。韓国語では「く」をはっきりと発音しない。
⑦鞄
韓国語で「가방」（カバン）。日本語と一緒。
⑧無料
韓国語で「무료」（ムリョ）。ちなみに「有料」は韓国語で「유료」（ユリョ）。

なお、トルコ語、モンゴル語、ツングース語（シベリアに住む少数民族ツングース人などの固有の言語）の三語族群の総称を「アルタイ語族」というが、日本語や朝鮮語をこの語族に加えるという説も有力だ。

そういう意味では、やはり韓国語と日本語は似ていて当然なのかもしれない。

酒蔵で「納豆菌」が絶対NGなワケ！

「酒蔵《さかぐら》に納豆菌を絶対に持ち込んではいけない」

こんな〝戒め〟が唱えられることがある。

納豆は体に良い食べ物なのに、なぜ邪魔者扱いされなければならないのだろう？

「酒を醸造・貯蔵するための蔵」を「酒蔵」という。

酒蔵は、酒造りに欠かせない麹菌《こうじ》、酵母菌、乳酸菌などの微生物を扱っている。醸造責任者である「杜氏《とうじ》」のもと、酒造を行う職人を「蔵人《くらびと》」と呼ぶが、蔵人たちは酒蔵内を清潔に保つため、日々、念入りな掃除を行っている。

酒蔵のなかを完全に無菌状態にすることは不可能だが、極力、酒造りに必要のない菌を持ち込まないようにしているわけである。

「酒蔵で納豆菌」が絶対にＮＧである理由は大きく二つある。

一つは、納豆菌の繁殖力の高さだ。

先に挙げた菌のうち、米麹にとって納豆菌は〝最大のライバル〟の一つである。

酒造りにおいて、米麹は洗って蒸した米に麹菌の胞子を振り掛け、米のなかで麹菌を繁殖させて造る。

このとき、蔵人たちは徹底的に温度や湿度を管理し、麹菌が良く働くようにするわけだが、実はこのような環境は納豆菌にとっても適度な環境となってしまう。

もし、米に納豆菌も付いてしまったとすると、麹菌よりも先に納豆菌が繁殖してしまい、米麹ができなくなってしまうのだ。

二つ目の理由として、いったん納豆菌が住み着いてしまうと取り除くのがとても難しいことも挙げられる。

納豆菌は一〇〇℃で煮沸しても死なないほどの耐性を持っている。全国納豆共同組合連合会によると、一〇〇℃で一〇分煮沸してだいぶ死ぬくらいの強い菌なのだ。

酒蔵で納豆菌が避けられる理由はこのような事情による。

実際、酒蔵には見学者などに向けて「『納豆』を食べた方はこれより立入禁止」と書かれた紙を貼っているところもあるほどだ。

ここまで酒蔵では納豆菌に気を配っているが、納豆菌の繁殖力は昔に比べて格段に弱くなっていることも事実らしい。

昔の納豆は野生の納豆菌を用いて作っていたが、現在は純粋培養された納豆菌を使って製品を作っているからだ。

現在では酒造りに藁《わら》を用いることはなく、人知れず納豆菌が酒蔵に入ってくることもなくなっている。

これらのことにより、蔵人が納豆を食べて作業に従事したとしても問題はないとされているが、昔からの風習であるのと、願掛けの意味で、酒造りのあいだは納豆を口にしない蔵人が少なくないという。

選挙の候補者が名前を〝ひらがな〟にするのはなぜ？

選挙のとき、公示後に街中に貼られる選挙ポスターや、投票日当日、投票所の記入ブースに掲げられた候補者一覧を見ると、候補者のなかには自分の苗字や名前が「ひらがな」になっている人がいる。

これって、アリなのだろうか？　公職選挙法に引っかからないのだろうか？

法律的には、これはアリである。

氏名をひらがなにしたい候補者は「通称認定申請書」を提出し、「通称」として認定をもらうことで、本名の漢字をひらがなにすることができるのだ。もちろん、カタカナにもできる。

候補者がこのように氏名の漢字をひらがなやカタカナにするのは、日本の有権者が候補者名を自分で書く「自著式《じちょしき》」であることと関係が深い。

候補者が自分の氏名は有権者にとって「書きにくいな」「読めないな」「覚えにくいな」と判断したときは、有権者のためを思ってひらがなにすることが多いようだ。

候補者は選挙運動の期間中、選挙カーや演説などで自分の名前を連呼している。もし、そのときに有権者が耳にした音声と投票所での名前が一致していなければ、投票用紙に名前を書いてもらえない。

もしも坂本《さかもと》龍馬《りょうま》が現代の選挙に立候補するとしたら、「坂本りょうま」としているかもしれない。「龍馬」では画数が多く、有権者が書くのが〝面倒〟だからだ。

また、有権者が名前を間違って書いてしまうと、せっかく投票してくれたのに無効になってしまうことがある。

たとえば「鈴木健太」という候補者がいたとする。

ところが、有権者に「鈴木建太」と書かれてしまった場合、どうなるか？

ほかに似たような候補者がいない場合は、鈴木健太氏に投票したとして有効になるケースが少なくないが、「鈴木けんた」と事前に申請しておいた方が間違いがない。

選挙の立候補者名に関しては「沖縄」が興味深い。

沖縄では県内各地で〝カタカナ戦術〟が採られているのだ。

『琉球新報』によると、二〇二二（令和四）年九月一一日までに投票される計五〇選挙の立候補者延べ五〇六人のうち、選挙ポスターを掲示した四九選挙の立候補者四九七人のポスターを同紙が調べたところ、カタカナの使用は六割を超えていたという。

同紙によると、沖縄では一九七二（昭和四七）年の日本復帰前から、ひらがなよりも画数が少なく直線的なカタカナが好まれてきたといい、読み書きできない有権者が多くいたこともその理由の一つであるらしい（『琉球新報』二〇二二年九月一〇日付）。

同年の県知事選のポスターでは、届出順に下地幹郎氏が「下地ミキオ」、佐喜真淳氏が「サキマ淳」、玉城デニー氏が「玉城デニー」と、全員が通称を含めてカタカナを使用していた。

日本でもっとも大きい無人島はどこにある？

「無人島」を舞台にするバラエティ番組が流行っている。

イカダを作って近隣の有人島まで脱出したり、無人島で獲れる魚や野菜などで何日も生活してみたり……。

そういえば、「あつ森」の愛称で大人気の任天堂の「あつまれ どうぶつの森」も、無人島に移住して動物たちと自由気ままに暮らすゲームだ。

二〇二〇（令和二）年三月二〇日の発売以来、三月末までになんと一一七七万本を売り上げた。人気シリーズの最新作だから、もともと認知度が高かったことに加え、やはりコロナ禍が売上に大きく貢献したことは否めない。

「あつ森」がそれだけ売れたのは、コロナ禍の外出自粛や不安によって「無人島」という密を避けられる場所への憧れが増したのかもしれない。

日本でもっとも大きい無人島は、北海道にある。「渡島大島《おしまおおしま》」である。

北海道の南西部を占める渡島半島から西方の沖合約五〇キロに位置する。

島の周囲は一六キロ、東西六キロ、南北三・五キロの広さ。標高は江良岳《えらだけ》が七三七メートル、清部岳《きよべ》が七二二メートル、寛保岳《かんぽう》が六四八メートルある楕円形の島だ。

周辺の海底地形は、海岸から約五〇〇メートルで水深一〇〇メートル、約二キロ離れると水深五〇〇メートルに達し、特に北部の海域は起伏が激しいとされている。

小城春雄氏（北海道大学名誉教授）によると、渡島大島は「恐らく2〜3万年前に海底火山が溶岩を噴出しはじめ、やがて海上に姿を現し、成層火山として現在の形になったのであろう」としている（「日本最大の無人島『渡島大島』におけるオオミズナギドリの受難史」海洋政策研究所）。

渡島大島の歴史は、一七四一（寛保元）年の大噴火から語られる。

このとき引き起こされた津波は渡島半島の熊石《くまいし》から松前《まつまえ》までの沿岸を襲い、一四六七人の犠牲者が出たと記録にはある。

以来、五〇年間は火山活動が活発だったが、その後は静穏状態になり、現在までに目立った火山活動は行われていない。とはいえ、先に述べた江戸後期の大噴火を思えば、休火山とはいえず、注意して観察しておく必要があるだろう。

それから、ワカメを採取する海女《あま》が漁をするために季節的に滞在することはあったが、現在では無人島になっている。

渡島大島を語る際に欠かせないのが小城氏も指摘している「オオミズナギドリ」の〝受難〟である（以下、前掲を参考に記述）。

実は渡島大島は、オオミズナギドリの日本の最北端の繁殖地なのだ。

オオミズナギドリは極東アジア特産のミズナギドリ科の海鳥で、体重は五五〇〜六〇〇グラム。現在では日本、韓国、ロシアの離島だけで繁殖している。

渡島大島のオオミズナギドリは先住の火山の噴火をなんとか免《まぬか》れたが、北海道の開拓が進み、外国船がやってくるようになると危機にさらされる。島の周辺で難破した外国船にいたドブネズミが生き延びて島に住み着くようになり、オオミズナギドリの親、雛、卵を捕食するようになったのだ。

以降もオオミズナギドリの受難は止まらない。

明治維新後は、函館の毛皮業者が防寒服や布団の詰め物とするための羽毛を採取するためにオオミズナギドリを捕獲。その数はおよそ二二万羽以上にも達したという。

その後は島に滞在する人間が食べるために捕獲する対象にもなってしまい、一九二八（昭和三）年三月に天然記念物に指定されるまでそれは続いた。

小城氏の前掲の論文は二〇〇七（平成一九）年一月の同研究所の「Ocean Newsletter」（第一五五号）によるもので、この時点でオオミズナギドリの個体数は「60～100つがい（総数120～200羽）位が繁殖しているにすぎない」としている。現在、繁殖数は増加しているのか減少しているのか定かではないが、無人島と絶滅危惧種の関係を考えるヒントになれば幸いである。

「警察二四時」が放送できる〝ウィンウィン〟な関係とは？

日本各地で日夜発生する事件や事故を捜査する警察官に長期にわたって密着し、取材するドキュメンタリー番組がある。

「警察二四時」と一括《ひとくく》りにされる長時間番組だ。

番組の改編期などに不定期に放送される「警察二四時」は一つの局の独占企画ではなく、多くのテレビ局系列が放送している。

日本テレビ系列は『警察特捜』、ＴＢＳ系列は『密着警察24時』、テレビ朝日系列は『列島警察捜査網　ＴＨＥ追跡』、フジテレビ系列は『逮捕の瞬間！　警察24時』、テレビ東京系列は『激録・警察密着24時!!』といったタイトルが付いている。

タイトルを見る限り、どの系列も「警察」に「密着」して番組を制作したことをアピールしている。

この「警察二四時」ものが放送され出したのは最近のことではなく、第一回目の放送は一九七八（昭和五三）年一月のこと。

テレビ朝日系列で『警視庁潜入24時!!』が放送されたことがはじまりとされる。「警察二四時」ものは、なんと四五年以上の歴史があったのだ。

薬物、ひき逃げ、盗聴、痴漢、結婚詐欺、万引き、置き引き、そして殺人……。罪を犯した犯人をジリジリと追い詰めながら警察官が逮捕する瞬間をリアルに感じられることに、視聴者はたまらないカタルシスを得る。一方で、深夜の酔っ払いの言動などに〝ほっこり〟することもしばしば。長年にわたって放送され、もはや〝鉄板コンテンツ〟になっている理由も納得だ。

番組が人気である理由はすぐわかるが、なぜテレビ局は「警察二四時」ものをこんなにも長く制作してきたのだろうか？

それは、テレビ局と警察に〝ウィンウィン〟な関係が築かれているからと推測できる。テレビ局にとってみれば、警察は公務員（公僕《こうぼく》）のため、「制作費を低く抑えられる」というメリットがある。バラエティやドラマで芸能人をキャスティングすれば、数千万円ものギャラが発生する。これと比べれば、「警察二四時」ものが低予算で成り立つコンテンツであることは一目瞭然だ。

かたや警察にとってみれば、「日々の仕事の成果を世間に広くアピールする、またとない機会」になる。取材を断る理由がない。

このような理由で、両者は〝ウィンウィン〟なのである。

「警察二四時」ものの制作意図を考えると、現在のテレビ局が制作する番組の方向性がほのかに見えてくる。

長年人気を誇る『ポツンと一軒家』や最近話題の『オモウマい店』のほか、『タクシー運転手さん一番うまい店に連れてって！』『ＹＯＵは何しに日本へ？』といった人気コンテンツの〝出演者〟は、すべて「素人」。つまり「一般人」だ。

ということは、ギャラは基本的にかからないはずなのだ。

経費としてかかるのは、取材対象に密着しているテレビ番組の制作会社のスタッフの人件費や交通費が主になるだろう。

ただし、「警察二四時」もののコンテンツに関しては、警察とメディアが密接した関係にならざるを得ないことから、両者の癒着《ゆちゃく》などを警戒する見方があることは否めない。「テレビ映えしそうだから」といって過激な捜査を行うことはあってはならないことだ。

歴史秘話、熊本城は〝食べられる城〟だった！

徳川家康《とくがわいえやす》が江戸幕府を開いてから四年後の一六〇七（慶長《けいちょう》一二）年、加藤清正《かとうきよまさ》の手により、茶臼山《ちゃうすやま》を中心に築城された「熊本城」。

一六三二（寛永《かんえい》九）年、細川忠利《ほそかわただとし》が熊本藩主として入城し、明治維新にともなう廃藩置県《はいはんちけん》後には鎮西鎮台《ちんぜいちんだい》が置かれ、一八七七（明治一〇）年には西南《せいなん》戦争の舞台の一つとなった。

開戦直前の火災によって本丸御殿《ほんまるごてん》や天守《てんしゅ》が焼失したが、県民や市民の念願が叶い、一九六〇（昭和三五）年、大小の天守が鉄骨鉄筋コンクリートで再建された。

しかし。

二〇一六（平成二八）年四月の熊本地震（最大震度は七／気象庁マグニチュードは七・三）で再建された城の大部分の石垣が崩落してしまい、大小の天守も被災した。

完全復旧は、今からおよそ三〇年後の二〇五二年度とされている。胸が痛い。

早く復旧されてほしい熊本城だが、実は、熊本城は〝食べられる城〟である。

天守と御殿に敷かれている三千数百畳もの畳には「里芋の茎」が使われたとされている。

里芋の茎は、畳のほか、土壁のつなぎにも用いられたらしい。

また、一説によると、壁にはカンピョウが塗り込んであるともいわれる。

本丸内に大イチョウが立っているのも、熊本城が〝食べられる城〟であることの証《あかし》といえる。イチョウの種子「銀杏《ぎんなん》」はご存じの通り、食用で、戦国時代、銀杏は米の代わりとして重宝されたという。

熊本城の別名は「銀杏城」という。清正が植えたと伝わるこの大イチョウが城のシンボルであることがわかる。

なぜ、清正は城の一部を食べ物で作ったのか？

もちろん、それは「籠城《ろうじょう》」の際に役立つからだ。

一五九二（天正《てんしょう》二〇）年、清正は、天下統一を成し遂げた豊臣秀吉《とよとみひでよし》の命により、朝鮮半島へわたる。そして、二度目の遠征（慶長の役）で体験したのが「蔚山《うるさん》の戦い」だった。清正は蔚山に城を築いていたが、完成前に明と朝鮮の連合軍の襲来に遭い、籠城を余儀なくされる。

明《みん》の将軍楊鎬《ようこう》、麻貴《まき》率いる連合軍の数はおよそ六万。一五九七（慶長二）年一二月二〇日に開始された攻撃は翌年一月四日まで続き、毛利秀元《もうりひでもと》、黒田長政《くろだながまさ》らの助けにより、清正らはようやく危機を脱したのであった。

この過酷な経験によって、清正は城の防衛機能や兵糧《ひょうろう》の重要性を実感し、熊本城の建設に活かしたとされている。

熊本城にはかつて一二〇もの井戸が掘られたと伝えられるが、それも〝食べられる城〟

の証拠の一つといえるだろう。現在では一七の井戸が現存している。

この歴史の秘話は、後世になってから考え出された〝創作〟との見方もあるが、清正が兵糧の確保を重視していたとはいえるのではあるまいか。

知らなかった、「人間国宝」に〝定員〟があったなんて！

国の文化財には、寺社仏閣や美術品といった「有形」のものと、伝統芸能や工芸技術など制作技術の〝わざ〟を指す「無形」のものがある。

そのうち、無形文化財について、特に歴史上あるいは芸術上、価値の高いものが重要無形文化財に指定され、〝わざ〟を高度に体現・体得している人を保持者として認定する。

このように認定された人は「重要無形文化財各個認定保持者」と呼ばれるが、この呼び名の俗称が「人間国宝」である。私たちには後者の名称の方がなじみ深いだろう。

明治以来、日本の文化財は有形のものしか認められていなかったが、戦後の一九五〇（昭和二五）年に「文化財保護法」が制定され、無形の〝わざ〟も文化財として認められるようになった。

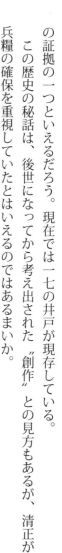

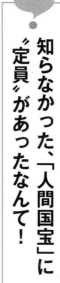

その後、一九五四（昭和二九）年に同法が改正され、保持者の認定制度が規定されたとき、「重要無形文化財各個認定保持者」という名前が長すぎて理解されなかった。

そんなとき、記者から「美術品の指定なら国宝とかいいますね。人の認定だから人間国宝ですか」という質問が飛び、そのやりとりから紙面に「人間国宝」という言葉が記され、一般に定着していったようだ。

文化庁としては「優れた人が国宝なのではなく、優れた〝わざ〟を認める」というスタンスを取っている。優れた〝わざ〟を持っているから、その人が人間国宝と呼ばれることになっているというわけだ。

人間国宝になると、一人あたり年間二〇〇万円が助成される。

人間国宝が自身の芸を磨くためもあるが、後進に〝わざ〟を伝えるためにも使われることを目的としている。

この助成金は「重要無形文化財保存特別助成金」と呼ばれているのだが、人間国宝は国の文化財行政施策として行われているもの。つまり、責任は国にあり、助成金は国の予算で賄《まかな》われている。

このことから、人間国宝には実質〝定員〟があることになる。

予算上は二〇〇万円×一一六人が上限だから、つまり、人間国宝は最大でも一一六人しか認定されないことになるのだ。

この予算に関しては、文化庁が財務省に毎年増額を要求しているというが、受け入れられていないらしい。財務省が予算の増加を認めれば、人間国宝も増えるはずだ。

なお、人間国宝の認定方法には「個人の認定」と「団体の認定」の二種類があり、個人の認定は「各個認定」と「総合認定」の二種類にさらにわかれている。

各個認定は「個人の認定」で、総合認定は「団体の構成員としての認定」である。

また、重要無形文化財に指定される工芸技術の性格上、個人的特色が薄く、かつ、その〝わざ〟を保持する者が多数いる場合には、これらの者が主たる構成員となっている団体を保持団体として認定している。これは「保持団体認定」と呼ばれている。

ダース・ベイダーの衣装は何と伊達政宗の鎧兜がモチーフだった

SF映画の金字塔として今なお高い人気を誇る『スター・ウォーズ』シリーズ。

一九七七年、当時はまだ新人監督であったジョージ・ルーカスが監督し、世界中で大ヒットを飛ばした（日本での公開は一九七八年）。

あまりにも奇抜な内容だったことから、制作時、業界全体が「興行的に失敗する」と考えていたが、ルーカスは監督や脚本で得られるギャラを抑えて交渉する代わりに、マーチャンダイジングの権利を獲得することで完成にこぎつけた。

ルーカスの先見の明は確かで、映画の爆発的なヒットとともに、映画に登場したキャラクターなどを商品化することで彼の会社は莫大な利益を得たのだった。

『スター・ウォーズ』といえば、宇宙を舞台に繰り広げられる攻防戦が見どころの一つだが、俯瞰《ふかん》して見れば、ある家族の親子三代を描く物語でもある。

その中心人物が「ダース・ベイダー」。かつての名をアナキン・スカイウォーカーといい、主人公ルーク・スカイウォーカーの実父だ。

映画のメインテーマとともに、ダース・ベイダーのテーマ「帝国のマーチ」（ジョン・ウィリアムズ作曲）は誰もが知る曲であろう。

ダース・ベイダーといえば、シスの暗黒卿《きょう》を体現する黒づくめのコスチュームが特徴的だが、特に彼のマスクに関しては日本の戦国武将の鎧兜《よろいかぶと》がモチーフの一つとされている。伊達政宗《だてまさむね》である。

政宗の故郷、仙台市博物館の前館長濱田直嗣氏は以下のように述べている。

「20年以上も前のことですが、この映画の制作関係者だという人から仙台市博物館に国際電話がありました。伊達政宗の黒漆《くろうるし》五枚胴具足《ごまいどうぐそく》の写真がほしいと言ってきたので米国に送ったことがあります」（仙台ＮＥＷ第９号）

同氏によると、『STAR WARS THE MAGIC OF MYTH』（一九九七年）というアメリカの本には、ダース・ベイダーと政宗の黒漆五枚胴具足の兜部分が並んで紹介されているという。確かに現物を見てみると、政宗の兜に良く似ている。

一方、この話については別の見方もできる。

ダース・ベイダーの衣装が政宗の具足をそのまま取り入れたということではなく、その後、第一次世界大戦で使用されたドイツ軍のガスマスクやナチス・ドイツのヘルメットなどをコスチュームショップで見つけ、それらの意匠《いしょう》も取り入れながら制作していったようである。

ただ、ダース・ベイダーの重厚な黒のイメージは、間違いなく伊達政宗の具足からインスパイアされたものであっただろう。

その他、黒澤明の大ファンでもあったルーカスは、『隠し砦の三悪人』（一九五八年）の太平と又七をモデルに「Ｃ‐３ＰＯ」と「Ｒ２‐Ｄ２」を、騎士ジェダイの武器ライトセイバーは日本の刀をモデルに産み出したとされる。

「汚し（ウェザリング）」という技法も、黒沢映画から取られた技法だ。

それまで、アメリカのＳＦ映画はピカピカしたキレイな世界観で彩られていたが、ルーカスは映画にリアリティを求め、キャラクターの被《かぶ》るヘルメットや衣装、宇宙船などをあえて汚し、傷つけ、それらが長く使い込まれてきた様子を表現したのである。

「菌」という漢字、訓読みではなんと読む？

「菌活《きんかつ》」という言葉がある。

「きのこなどの身体によい菌食材を食べ、身体の内側から健康で美しくなる、そんな食習慣のこと」である（「ホクト」ホームページ）。

そんな菌活の「菌」という漢字。

音読みでは「きん」だが、訓読みではなんと読むか、ご存じだろうか。

正解は「きのこ」である。

同社によると、きのこは菌一〇〇パーセントでできた、菌そのものを食べることができる唯一の食材で、「菌食材の王様」の異名を持っている。

菌類であるきのこは食物繊維をふんだんに含んでおり、腸内細菌のエサになったり、腸内の老廃物を排出する役割をはたしている。

腸には免疫細胞の約七割が存在しているともいわれているから、きのこを食べて腸内環境を整えておくことは、アフターコロナのこの時代にマッチしたものといえる。

さて、菌を「きのこ」と訓読みすることがわかったところで、その他の興味深い一文字訓読みを挙げてみよう。いくつ読めるだろうか。

①凱
②咳
③埠
④胡
⑤鞄
⑥餐
⑦鮭
⑧腔

［答え］
①かちどき
②しわぶき

③はとば
④でたらめ
⑤なめしがわ
⑥たべもの
⑦さかな
⑧からだ

星新一と森鷗外は実は親戚？

生涯にわたって一〇〇一編以上の超短編を書き残し、「ショートショートの神様」と謳われた作家、星新一《ほししんいち》。

ショートショートは原稿用紙に換算して十数枚足らずの短編だが、当用漢字しか用いない平易な文章、性や殺人を題材としないなど、特に小中学校の子どもたちに愛された。彼の人気はいまだに衰えることはない。

文学ファンなら耳にしたことがあるかもしれないが、実は星新一と森鷗外《もりおうがい》は親戚だ。

一九二六（大正一五）年九月六日、東京市本郷区駒込曙町に、星製薬の創業者星一《はじめ》、精《せい》夫妻の長男として誕生した。本名を親一という。

幼い頃は両親やきょうだいと離れた部屋で、母方の祖父母に可愛がられながら育ったが、この祖母が森鷗外の妹の喜美子であった。祖父は東京大学名誉教授で人類学の第一人者であった小金井良精《こがねいよしきよ》である。

二〇一八（平成三〇）年一月、新一の遺品を整理するなかで、鷗外が妹喜美子に宛てた未発見の書簡が見つかっている。

書簡は鷗外の晩年の一九二〇（大正九）年一月二〇付のもので、「美しき座布団一枚」を内祝いとして贈られたことへのお礼が綴られていた。

封筒には花柄があしらわれ、鷗外の妹への気遣いが感じられる一通となっている。

新一は一八歳まで祖母喜美子と同居しており、兄鷗外の影響で和歌を詠んでいた喜美子が、歌を口に出して何度も推敲《すいこう》していた姿を目にしている。

新一も「私が文章を書くようになったのは、祖母の声を聞きながら眠ったことに、いくらか原因があるかもしれない」と書き残している。

なお、書簡は、作家の最相葉月氏が新一の評伝『星新一　一〇〇一話をつくった人』（新潮社）を執筆する際の取材で明らかになったもので、新一の知られざる姿を知らせてくれている。

「白い城」と「黒い城」の色だけではない違いとは?

軍事上の防御施設として築かれた「城」。

日本では、奈良時代頃は土塁などで築かれたものが少なくなかったが、鎌倉時代になると山城などの簡易な城が作られ、室町時代に入って本格的な築城がはじまる。室町時代末期には天守(天守閣)も見られるようになった。

かつて城は日本のあちこちに築かれたが、今、現存する天守(これを「現存天守」と呼ぶ)はたったの一二。

以下、挙げてみよう。

弘前城(青森県弘前市/重要文化財)

松本城(長野県松本市/国宝)

犬山城(愛知県犬山市/国宝)

丸岡城(福井県坂井市/重要文化財)

姫路城（兵庫県姫路市／国宝・世界遺産［文化］）
彦根城（滋賀県彦根市／国宝）
備中松山城《びっちゅうまつやまじょう》（岡山県高梁市／重要文化財）
松江城（島根県松江市／国宝）
高知城（高知県高知市／重要文化財）
松山城（愛媛県松山市／重要文化財）
宇和島城《うわじまじょう》（愛媛県宇和島市／重要文化財）
丸亀城（香川県丸亀市）

さて、右に挙げた日本の城は定期的にお色直しや改修が行われて、私たちの目を楽しませてくれているが、城の壁の色をよくよく見てみると、「白い城」と「黒い城」に二分されていることがわかる。

では、「白い城」と「黒い城」の違いはどこにあるのだろうか？

一言でいうと、「白い城」は「徳川家康の時代に築かれた城」で、「黒い城」は「豊臣秀吉の時代に築かれた城」である。

別の言い方をすれば、「白い城」は「関ケ原の戦い以降に築かれた城」で、「黒い城」は「関ケ原の戦い以前に築かれた城」ということになる（なお、これは簡単な説明の仕方であり、該当しない城もあることをおことわりしておく)。

「白い城」は姫路城、彦根城、名古屋城など、「黒い城」は松本城、熊本城、岡山城などが挙げられる。

なぜ、家康時代の城は白で、秀吉時代の城は黒なのか?

時代を追って説明すると、秀吉が「黒い城」を好んだのは「敵の目から逃れやすいこと」が主な理由だ。秀吉の時代、天下を統一したとはいえ、泰平《たいへい》の時代はまだ訪れてはいない。城の狭間《はざま》から鉄砲を出すことを考えれば、城壁が黒い方が良いに決まっている。

秀吉が金を好んだのも城が黒い理由の一つとされる。城壁が黒い方が金が映えるというわけだ。

一方、家康時代の「白い城」はどうか。

一説によると、〝新時代〟を喧伝《けんでん》するために秀吉時代の「黒い城」に対して「白い城」にしたといわれている。城壁をより堅固なものとするために漆喰《しっくい》が用いられているが、そのために必然的に白くなっていることも「白い城」が増えた背景に挙げられる。

また、白は膨張色であり、城を大きく見せる効果があることも、城壁が白い理由の一つ。

囲碁の碁石は、現在も江戸期も、白い石の方が少し小さく作られている。もしも白と黒を同じ大きさで作ってしまうと、実際に取った面積と見た目の印象が変わってしまう。

このことから、江戸時代の人々が、白が膨張色であることをすでに知っていたことが窺《うかが》われるのだ。

余談だが、約六年の改修を経て二〇一五（平成二七）年三月に一般入場を再開した姫路城は、「白い城」の代表格（愛称は「白鷺城《しらさぎじょう》」）だが、屋根の漆喰は全体に塗られているわけではなく、実は格子状に塗られているに過ぎない。

この屋根を遠くから見ると、目の錯覚で真っ白に見えるというわけだ。

時代を〝先取り〟！　あるロックバンドの「名前の売り方」

一九六五年にサンフランシスコで産声を上げたロックバンド「グレイトフル・デッド」。カントリー、フォーク、ブルース、ジャズ、サイケデリックなど、あらゆるジャンルを飲み込み、ジャム形式でインストゥルメンタルを紡《つむ》いでいく。日本ではあまり名前が知られていないが、アメリカでは熱狂的なファンも多く、彼らファンを「デッドヘッズ」と呼ぶことはもはや常識だ。

結成から六〇年近くなるのに、彼らの人気は衰え知らずである。

二〇二三年四月には、グレイトフル・デッドがTikTokに公式アカウントを開設したとのニュースが報じられている。

プレスリリースには「バンドとファンをカウンターカルチャーの新時代に巻き込んできた何十年にもわたる音楽、世代をまたぐコミュニティ、無限の創造性を祝福する媒体になる」と書かれている。

彼らが六〇年もの長きにわたって人気を保持してきたのは、時代を〝先取り〟したマーケティングをしてきたからだ。

たとえば、ほとんどのロックバンドがライヴで「撮影・録音禁止」と掲げていた時代に、それらを許可した。これは、「何を無料で提供するか？」ということを彼らがわかっていたからだ。

スマホがない今から二、三〇年前、カメラでメンバーを撮影したり、テープやＩＣレコーダーでライヴを録音することで個人的に楽しみ、録音テープを回して楽しむデッドヘッズは多かったはずだが、グレイトフル・デッドやスタッフは「『プロが録音した高品質のライヴ』を購入してくれるファンも多いはずだ」と考えていた。

今でいうところの「アップグレード」で稼ぐ方法だ。

また、ライヴの最前列をファンのために提供したのも彼らである。

音楽のアーティストは、通常、ライヴを催すときは電子チケットシステムを持つ販売会社に委託してチケットを捌いてもらうが、彼らは一九八〇年頃からすでに自前のチケット代理店を立ち上げていた。

口コミがあれば、チケット代理店の電話番号が出回ることに時間はいらない。郵便局で郵便為替を買い、申込書を郵送するという手間はあるが、こんな手間を惜しまない熱心なファンだけがライヴの最前列を手にすることができたのである。

そのほか、自分たちが制作したロゴを行商人に自由に使わせたり、ファンのメーリングリストを作成して早くからマーケティング戦略を練ったりと、グレイトフル・デッドとそのスタッフは何十年も前から現代と変わらない手法を取り入れていたのだ（参考：デイヴィッド・ミーアマン、ブライアン・ハリガン著、渡辺由佳里訳『グレイトフル・デッドにマーケティングを学ぶ』日経ＢＰ社）。

グレイトフル・デッドのこのようなマーケティング戦略は、後世のロックバンドにも十分伝わっていたに違いない。

現在、最高峰のロックバンドの一つ、レディオヘッドは、二〇〇七年一〇月に七作目となるアルバム『イン・レインボウズ』をリリースしたのだが、そのときに画期的な方法を採用している。

アップルが「iTunes Music Store」を日本でオープンしたのは二〇〇五（平成一七）八月のことだが、音楽のダウンロード配信がはじまったばかりといって良い時代にレディオヘッドはこのアルバムをネットで独自に配信した。

画期的だったのは、その販売方法である。アルバムの値段をリスナー自身に決めさせたのだ。この「自由価格制」は当時大きな話題となった。前例がないため、「誰も払わないに違いない」という見方も多かったように思う。

しかし、蓋を開けてみると、同アルバムの購入価格は平均で四ポンドを上回っていた。当時、一ポンドは約二三五円だったから、日本円にすると九四〇円となる。

現在の輸入盤ＣＤが一枚二〇〇〇円前後ということを考えると少々安い気もするが、それでも、「It's Up To You（あなた次第）」と簡潔に記された〝彼らの胸の内〟は、多くのファンの胸に確かに届いたのではないだろうか。

「スミス」「ハリス」「デイヴィス」…英語の苗字の意味は？

日本の「苗字」のベストテンは以下の通りだ（参考：名字由来ｎｅｔ）。

一位 佐藤、二位 鈴木、三位 髙橋、四位 田中、五位 伊藤、六位 渡辺、七位 山本、八位 中村、九位 小林、一〇位 加藤（六位の渡辺に「渡部」「渡邊」「渡邉」が含まれているかどうかは不明）。

皆さんの周りにも佐藤さん、鈴木さん、髙橋さんはきっといるはずだが、では、欧米、特にアメリカの場合はどうなのだろう？

同参考元によると、ベストテンは以下のようになる。

一位 スミス（Smith）、二位 ジョンソン（Johnson）、三位 ウィリアムズ（Williams）、四位 ブラウン（Brown）、五位 ジョーンズ（Jones）、六位 ミラー（Miller）、七位 デイヴィス（Davis）、八位 ガルシア（Garcia）、九位 ロドリゲス（Rodriguez）、一〇位 ウィルソン（Wilson）。

「スミス」や「ジョンソン」はアメリカ人の苗字としてなじみ深いが、八位の「ガルシア」はスペイン系に多く、九位の「ロドリゲス」はスペイン・ポルトガル系に多く見られる苗字となっている。もしかしたら、一八世紀以降の移民の歴史と深く関わりがあるのかもしれない。

では、具体的に、アメリカの苗字の由来を見てみるとどのようなものになるのだろう？ベストテンに入っていないものも含めて、少し取り上げてみたい。

【アンダーソン（Anderson）】

イギリスやスコットランドが発祥。スコットランドの守護聖人アンデレの英名「Andrew」の息子の意味。

【ブラウン（Brown）】

イングランド、スコットランド、アイルランドが発祥。髪や顔の色が茶色の人に付けたあだ名が由来といわれる。

【デイヴィス（Davis）】

イスラエル王ダヴィデ（David）の息子の意味。

【グリーン（Green）】

緑が多い村や草地に住んでいた人を指していたことが由来といわれる。

【ハリス（Harris）】

ハリーの子供の意味。「ハリー」には「家を治める者」の意味がある。

【ジャクソン（Jackson）】

『旧約聖書』に登場するヤコブの英名「Jacob」が由来で、ジャック（Jack）の息子の意味。

【ケリー（Kelly）】

ゲール語（インド・ヨーロッパ語族のケルト語派に属する言語）で「戦士」を意味する。

苗字と名前、どちらにも使われる。

【スミス（Smith）】

鍛冶屋《かじや》の英名「blacksmith」に由来する。

【アンダーウッド（Underwood）】

森の外れに住む人の意味。ちなみに「アンダーヒル（Underhill）」は丘の麓《ふもと》に住む人の意味。

【ジマーマン（Zimmermann）】

ドイツなどが発祥の苗字。大工が由来。

このように見てみると、アメリカの場合は聖書、住む場所、職業などから付けられる苗字が多いことがわかる。また、〝新しい国〟だけあって、イングランド、スペイン、ポルトガル、ドイツなどからの移民が由来となって形成された苗字も少なくない。

高校野球の部員に「坊主頭」が多いのはなぜ？

高校球児の〝トレードマーク〟といっても過言ではないのが「坊主頭」だ。

別名、「丸刈り」ともいう。

春と夏の甲子園大会では、今でも坊主頭の高校球児を数多く見かける。

大学野球、日本のプロ野球、メジャーリーグでは坊主頭は強制されていないのに、なぜ日本の高校野球では、半ば強制されたかのように坊主頭の球児が多いのだろうか？

調べてみると、「高校球児が坊主頭」なのは、なんと「明治維新」にまでさかのぼることがわかった。

坊主頭の歴史は、一八七一（明治四）年八月九日に出された「散髪脱刀令《さんぱつだっとうれい》」に端を発する。この法令は、徳川幕府を実質的に倒した状態にあった明治政府が「開化政策」の一つとしてうたったもので、「散髪・脱刀の自由」を促したものだ。

つまり、「明治以前から続くちょんまげを切って、欧米人のような髪型にしよう」というお触《ふ》れである。

髷《まげ》を切り落とす「散髪」は幕末からすでに行われていたようで、「半髪《はんぱつ》頭をたたいてみれば因循《いんじゅん》姑息《こそく》の音がする。惣髪《そうはつ》頭をたたいてみれば王政復古《おうせいふっこ》の音がする。ジャンギリ頭をたたいてみれば文明開花の音がする」との流行歌が歌われていた。

民衆の大多数は、〝古い〟印象がする日本古来の髷を捨てたかったのである。

とはいえ、旧士族層のなかにはこれに反発する人もいて、熊本県のある小学校では、この法令に不満を抱く教師たちが辞職願を出し、閉校したという事例も起きている。

さて、高校球児の坊主頭、である。

この「散髪脱刀令」は明治時代以降、有効であり続け、国民のみならず、軍人のあいだにも根付いていった。

ある野球人の存在も「高校球児＝坊主頭」の背景にはあったようだ。

早稲田大学野球部の監督、飛田穂洲《とびたすいしゅう》（本名は忠順《ただより》）である。

彼は戦中、「野球は軍隊式訓練につながる」と〝主張〟することで、戦中でも敵国のスポーツである野球が続けられるようにしたのだ。

「学生野球の父」と称えられる飛田は、一八八六（明治一九）年、茨城県水戸市の生まれ。県立水戸中（現在の県立水戸一高）を経て早稲田大学に進み、いったん読売新聞社に入るものの一年で退社。早稲田大学野球部の初代監督に就任した。飛田は三二歳になっていた。

なぜ、飛田は再び野球界に戻ってきたのか？

大学時代の一九一〇（明治四三）に行われたアメリカのシカゴ大学との試合が理由だ。実は、早稲田大学はこのとき、シカゴ大学に六戦全敗という屈辱を味わうのである。

いつか雪辱をはたしたいと願う飛田の課す練習は熾烈《しれつ》を極め、「千本ノック」という言葉も生まれた。「一球入魂」という精神のあり方を提唱したのも飛田だ。

厳しい練習の甲斐《かい》あって、飛田が率いる野球部は黄金期を迎え、一九二五（大正一四）年に再来日したシカゴ大学に一〇対四で勝利。飛田は監督を勇退したのである。

しかし、このような考えの〝代償〟として導入されたのが「厳しい練習」「上下関係」、そして「坊主頭」だった。以来、日本の高校球児のあいだに「坊主頭」の伝統が受け継がれていったと考えられている。

監督を退いた飛田は、一九二六（大正一五）年、朝日新聞社に入社。大学野球、中学野球（現在の高校野球）に関する論評を書くことで、学生野球の発展に寄与した。

さて、少子高齢化の令和の現在。

この風潮は、急速に失われつつある。

「高校球児に坊主頭を強制しない」という考えは、もはや〝常識〟だ。

大谷翔平選手の母校・花巻東（岩手）をはじめ、土浦日大（茨城）、創価（西東京）、山梨学院（山梨）、済美（愛媛）など、甲子園の常連校が軒並み坊主頭をやめている。

料理の「レシピ」には著作権があるのだろうか？

本やネットを見れば簡単に手に入る料理の「レシピ」。

和食、イタリアン、インド料理など、検索ワードを入れれば、お店さながらの本格的なレシピが手に入る。

料理のレシピのなかには、その料理人が編み出した個性的なものも見受けられるが、実は法的にいえば「レシピそのものは著作物ではなく、著作権によって保護されない」と解されている。

「思想又は感情を創作的に表現したものであつて、文芸、学術、美術又は音楽の範囲に属するものをいう。」（著作権法第二条第一項第一号）

つまり、著作物として認められるためには「思想又は感情を創作的に表現したもの」であることが必要なのだ。

一方、レシピは「料理の手順に関するアイデア」であって、創作的な表現過程は含まれていないと解されており、裁判例でもこれが一貫した立場となっている。

極端な話、他人が考えたレシピを自分のものであるかのようにブログなどに投稿したとしても、法的にはすべて違法になるとは限らないのだ（倫理的な問題は残るが）。

とはいえ、である。

「レシピ本」や「レシピ動画」は著作物に該当し、著作権によって保護される。

レシピ自体に著作権はないが、本や動画では、レシピを使いながら料理のコツや進め方などの〝創作〟が混じってくる。

このような要素が入れば、単なるレシピとはいえなくなる。

大阪地方裁判所（令和二年一月二七日［平成29（ワ）12572］）の「著作権侵害差止等請求事件」でも、スペイン料理のシェフと作ったレシピ本について「料理やシェフの写真、料理のレシピを選択、分類し、料理ごとに配列したものであり、編集物の素材である料理15等の写真及びレシピの選択及び配列には、一応、編集者の個性があらわれているものといえる」と、著作物であることを認めている。

もちろん、本やネットから画像を無断で拝借することは違法となり、同じレシピを用いたとしても、その料理には「商標登録」された名前がすでに付いているかもしれない。料理の盛り付けがオリジナリティに富むものの場合は「意匠登録」が認められることもある。

法的に違法とならなそうだと考えて、本や動画で表現された他人のレシピを無断で使うと、いつかは見つかってしまうはず。美味しい料理のレシピは、ご自身で編み出すことをおすすめしたい。

編者紹介

話題の達人倶楽部
カジュアルな話題から高尚なジャンルまで、あらゆる分野の情報を網羅し、常に話題の中心を追いかける柔軟思考型プロ集団。彼らの提供する話題のクオリティの高さは、業界内外で注目のマトである。

とことん知性《ちせい》と教養《きょうよう》！
超一流《ちょういちりゅう》の雑学力《ざつがくりょく》

2023年 9 月 5 日　第 1 刷

編　　者　話題《わだい》の達人倶楽部《たつじんくらぶ》

発 行 者　小 澤 源 太 郎

責任編集　株式会社プライム涌光
電話　編集部　03(3203)2850

発 行 所　株式会社青春出版社

東京都新宿区若松町12番1号〒162-0056
振替番号　00190-7-98602
電話　営業部　03(3207)1916

印刷・大日本印刷　　製本・ナショナル製本

万一、落丁、乱丁がありました節は、お取りかえします

ISBN978-4-413-11399-1 C0030

ISBN 978-4-413-11221-5 1000円

できる大人の大全シリーズ

通も知らない驚きのネタ！

鉄道の雑学大全《たいぜん》

櫻田 純［監修］

つい誰かに話したくなる！選りすぐりのネタ170項
世界で一番おもしろい、鉄道雑学の決定版！

ISBN 978-4-413-11208-6 1000円

お願い ページわりの関係からここでは一部の既刊本しか掲載してありません。折り込みの出版案内もご参考にご覧ください。